Comment
développer l'intelligence de vos enfants

Éditions Favre SA
Siège social
29, rue de Bourg – CH-1002 Lausanne
Tél.: +41 (0) 21 312 17 17 – Fax: +41 (0)21 320 50 59
lausanne@editionsfavre.com

Bureau de Paris
12, rue Duguay-Trouin – F-75006 Paris
Tél.: +33 (0)1 42 22 01 90
paris@editionsfavre.com

Dépôt légal en Suisse en octobre 2008.
Tous droits réservés pour tous pays. Toute reproduction
même partielle, par tous procédés, y compris la photocopie, est interdite.

Traduction: Sarah Guilmault

Couverture: MGraphic, J.-P. Piantanida
Mise en pages: Marie-Hélène Marquis

ISBN: 978-2-8289-1056-3

© 2008, Éditions Favre SA, Lausanne

Edition originale en langue italienne: Come insegnare l'intelligenza ai vostri bambini.
Il famoso metodo Feuerstein alla portata di tutti i genitori.
© edizioni red, Milan, Italie.

Nessia Laniado

Comment développer l'intelligence de vos enfants

Stimulez leur potentiel en encourageant
leur curiosité et en renforçant leur confiance
grâce à la méthode Feuerstein

FAVRE

Le livre

Ce livre présente, parfois à travers l'utilisation du vocabulaire propre à Reuven Feuerstein, la méthode et les principes de ce professeur, que tous les parents peuvent suivre et appliquer jour après jour dans l'éducation de leurs enfants : il n'est pas nécessaire pour cela de posséder une expérience en psychologie.

Cette méthode n'est pas normative mais elle fournit une série d'instruments dans le but de nous aider à utiliser nos propres ressources pour développer notre intelligence et être préparés à affronter avec flexibilité chaque nouvelle situation.

La méthode Feuerstein se fonde sur trois éléments :
1. Le diagnostic des potentialités d'apprentissage ;
2. Le *Programme d'enrichissement instrumental* ;
3. Les critères de la médiation.

Le livre se concentre sur le dernier élément de la méthode, celui qui est le plus facilement applicable à chaque aspect de la vie quotidienne, et qui a pour conséquence une amélioration remarquable du rapport entre parents et enfants.

Il existe douze critères de la médiation, et le livre dédie à chacun d'entre eux un chapitre spécifique.

L'auteure

Nessia Laniado, journaliste, a suivi des études de philosophie et de psychologie, elle a obtenu le diplôme de formation à la méthode Feuerstein. Elle est spécialiste en histoire de la gastronomie.

Directrice de « Donna e mamma » et « Insieme », et rédactrice en chef de « Nuova cucina »[1], elle est auteure aussi d'œuvres de divulgation concernant la santé. Elle a écrit en collaboration avec Gianfilippo Pietra *Alimenti super della salute*[2], publié aux éditions italiennes Red, dans la collection « L'altra medicina ». Ou encore, dans la même collection et toujours publiés aux éditions Red : *Mamma, me lo compri ?*, *Parolacce e rispotacce* et *Le bugie dei bambini*[3].

---

[1] Les titres de ces revues sont « Femme et maman », « Ensemble » et « Nouvelle cuisine ».
[2] *Les bons aliments pour la santé*.
[3] *Maman, tu me l'achètes ? Gros mots et mauvaises réponses*, et *Les mensonges des enfants*.

Pourquoi ce livre ?
Par Nessia Laniado

La première fois que je rencontrai Reuven Feuerstein, psychologue connu dans le monde entier, c'était à Milan, il y a dix ans. J'eus l'impression de me retrouver face à un visiteur venu d'espaces sidéraux : il portait un grand béret sur la tête, comme celui que portaient les peintres parisiens au début du siècle dernier, et son corps allait en s'élargissant jusqu'à la taille pour s'amincir de nouveau jusqu'aux pieds, comme une fusée. Je m'attendais à ce que d'un moment à l'autre, il commence à tourner sur lui-même et s'élance en l'air, se perdant dans l'espace, poussé par un tourbillonnement d'idées qui s'agitaient derrière le masque patriarcal de son visage.

À l'époque je dirigeais « Insieme », une revue destinée aux parents. Chaque jour, je recevais des dizaines de lettres de la part de parents qui me demandaient des conseils sur la manière de renforcer la capacité des enfants pour affronter un monde de plus en plus complexe, changeant, compétitif.

Les livres pour rendre « intelligents » s'accumulaient sur mon bureau. Mais aucun ne m'avait convaincue. Manuels de recettes, exercices, savoir-faire : arides, mécaniques, seulement bons à élever de petits savants sans âme, sans émotion, sans ingénuité ni fantaisie.

Les parents d'une amie de mes enfants, Avigail, enfant très intelligente, pleine de grâce et de vitalité, qui pour éduquer leurs enfants suivaient les principes de Feuerstein, avaient organisé une conférence tenue par le professeur. Celui-ci était devenu célèbre après avoir démontré une chose aussi simple que révolutionnaire : l'intelligence peut être enseignée.

Au départ, je refusai d'y participer. Je n'aime pas les conférences, et je n'avais plus aucune confiance dans les recettes pour créer des enfants surdoués.

En revanche, celle de Feuerstein parlait des problèmes que chacun d'entre nous rencontre, quand nous nous trouvons face à de nouvelles situations qui peuvent parfois réserver des surprises : lorsque nous nous sentons inadaptés, peu flexibles, liés à des schémas de pensée vieillis, en bref « stupides ».

Il s'exprima sur les difficultés et les résistances au changement, communes à nous tous, que l'on soit dirigeants affirmés, ou enfants en difficulté d'apprentissage, et sur son Centre de Jérusalem, où même les personnes destinées à végéter jusqu'à la fin de leur vie, pouvaient réussir à faire de leur propre handicap un point de force, en s'insérant avec créativité dans la société.

Il parla de Vitalba. Je possède toujours la bande magnétique sur laquelle a été enregistré sa conférence et c'est comme si j'étais en train de l'écouter en ce moment. « Il y a vingt ans » confessait le professeur, « il m'arrivait parfois de m'avouer vaincu. Face à de graves problèmes génétiques, je pensais que je ne pouvais rien faire. Jusqu'au moment où je rencontrai Vitalba. Elle venait d'Italie et avait 12 ans. Elle ne parlait pas, ne lisait pas, n'écrivait pas. Elle ne prenait aucune initiative sauf quand sa mère la prenait par la main… » La suite de l'histoire vous la trouverez dans ce livre.

Après Vitalba, il parla des techniciens d'une centrale nucléaire qui n'avaient pas su interpréter les signaux de danger, d'enfants qui trouvaient les études trop difficiles, d'employés qui devant un ordinateur aux mille fonctions s'entêtaient à utiliser toujours les mêmes, « *parce que de toute façon le reste ne me sert pas…* »

Je sortis de la conférence déconcertée. Au début, je m'attendais à entendre des histoires mirobolantes sur des enfants aux dons exceptionnels et, au lieu de cela, je n'avais fait qu'écouter l'histoire de la transformation extraordinaire de personnes que les enseignants, psychologues, médecins avaient reléguées à la médiocrité.

Je pensais écouter la description de techniques très avancées pour stimuler les capacités mathématiques, linguistiques et dialectiques, et au lieu de cela, je n'avais entendu qu'un cours sur le rôle irremplaçable des parents comme médiateurs entre l'enfant et le monde.

L'originalité de Feuerstein se trouve exactement là : il a mis en lumière le fait que pour le développement intellectuel des enfants, il n'est pas nécessaire de les surcharger d'occupations, de jeux et d'activités didactiques.

Ce qui est demandé, c'est la volonté de se poser comme médiateurs entre le monde et nos propres enfants, de donner un sens aux mots et aux actions, même les plus banals, et de dévoiler les émotions qui se cachent derrière nos gestes, afin qu'ils deviennent *intelligibles*. Une tâche qui nous enrichit aussi nous en tant que parents.

Personnellement, c'est la raison pour laquelle j'éprouve le plus de reconnaissance pour Reuven Feuerstein : il m'a offert le plaisir de découvrir, jour après jour, la valeur inestimable de mes enfants.

Quel est le rapport avec l'intelligence dans tout cela ? Ce livre a pour ambition de vous l'expliquer.

Note
Pour faciliter la lecture du livre, les récits des parents, des enfants et des experts ainsi que les citations apparaissent en italique et les parties concernant la réflexion théorique sont mises en évidence par le signe ✔.
Au début de chaque chapitre, on signale les arguments qui vont être traités, de manière à en faciliter la consultation.

Préface

Par Reuven Feuerstein

- Dédié à tous les parents
- Un texte à la portée de tous
- L'importance des émotions dans l'apprentissage

En général, les livres traitant de la capacité intellectuelle des enfants qui s'adressent aux parents, sont des manuels qui se contentent de donner des recettes et des modes d'emploi : « *Faites ceci à partir des conseils de celui-là et vous obtiendrez tel résultat* », ou encore : « *Si vous vous comportez de cette manière, vous vous trompez !* », « *Appliquez les règles suivantes au cas où…* »

Les raisons pour lesquelles cette approche mène à l'échec sont évidentes.
Donner des directives généralisées sur ce qu'il faut faire et ce qu'il faut dire à un enfant n'aide pas : les prescriptions sont souvent totalement étrangères au style de vie, au bagage culturel, à l'expérience et à la sensibilité de celui qui devrait les mettre en œuvre.
À ce propos, je voudrais citer une étude que j'ai trouvée très intéressante, conduite par le psychologue Craig Ramee et par son équipe, à Chapel Hill, auprès de l'Université de la North Carolina, aux États-Unis.

Dédié à tous les parents

Les chercheurs ont expérimenté différentes méthodes d'intervention, en les appliquant sur trois groupes distincts : le premier était composé seulement d'enfants, le deuxième était constitué d'enfants et de parents, et enfin le troisième seulement de parents. Les plus mauvais résultats ont été obtenus dans le dernier groupe, celui qui était composé uniquement de parents.

Je suis convaincu que cela vient du fait que les parents, auxquels avait été donné une série de « prescriptions » pour entrer en relation avec leurs enfants, avaient tendance à ne pas « se fier » aux instructions fournies par des personnes de provenance et de formation différentes, qui proposaient des modèles éloignés de leur réalité.

Pas seulement. On a remarqué que les parents sortaient inhibés de ces réunions : ils n'étaient plus capables d'entrer en relation avec leurs enfants comme ils le faisaient d'habitude, sans savoir pour autant appliquer les nouvelles règles éducatives, qu'ils ressentaient comme étrangères à leurs besoins et à leur système de valeurs.

C'est seulement si on réussit à fournir aux parents les instruments pour comprendre ce qui se passe dans la tête de leurs enfants, et *pourquoi* une certaine attitude fonctionne tandis qu'une autre ne donne pas les résultats attendus, que nous pourrons les aider vraiment à trouver leur chemin pour devenir des médiateurs capables de développer le mieux possible les talents de leurs enfants.

Mais ici se pose le problème auquel nous avons dû nous confronter jusqu'à aujourd'hui, du *comment* offrir un support théorique adéquat, à la portée de tous.

Un texte à la portée de tous

Et c'est donc avec un grand bonheur que j'assiste à la publication du livre de Nessia Laniado. Pour la première fois, l'*expérience d'apprentissage médiatisé* est présentée de manière accessible même à ceux qui n'ont pas de préparation professionnelle spécifique.

L'auteure, grâce à un langage vif, richement illustré par des exemples, privé du jargon prétentieux et incompréhensible des manuels de psychologie, apporte une contribution extraordinairement efficace en confrontant les attitudes différentes des adultes, en présentant les avantages et les inconvénients et en offrant ainsi l'occasion de comprendre les raisons des réactions, parfois « incompréhensibles », des enfants.

La lecture de ce livre est un encouragement à utiliser toute l'imagination pour trouver des situations, produire des expériences, choisir des occasions qui permettent de se sentir libres de répondre aux besoins des enfants selon l'âge et les conditions spécifiques de chacun d'entre eux. Il permet en outre d'entrer dans l'esprit des enfants, et de voir le monde selon leur perspective.

Il n'est pas question ici d'offrir au *parent-médiateur* un contenu à transmettre. Au contraire, on l'exhorte à continuer de faire ce qu'il a toujours fait selon sa sensibilité, mais avec en plus la qualité qui provient de la compréhension des processus intellectuels et émotifs de l'enfant.

L'importance des émotions dans l'apprentissage

Il existe encore un autre aspect qui rend ce livre particulièrement précieux. L'auteure a le mérite de mettre en lumière le rôle joué par les émotions dans la transmission de la connaissance.

Une attention particulière à la qualité de la relation

Aujourd'hui des milliers de parents, psychologues, éducateurs et les travailleurs sociaux, qui ont à cœur le développement et le bien-être des enfants axent leur intervention éducative sur une attention particulière à la qualité de la relation, que nous avons appelé *expérience d'apprentissage médiatisé*. Une telle expérience se fonde sur deux présupposés :

1. La structure même de l'intelligence peut être modifiée.
2. Comme toute proposition, ou stimulus, peut enrichir l'enfant, il est nécessaire d'établir *une forme particulière de médiation,* qui l'aide à l'élaborer.

L'objectif est très ambitieux. Il ne s'agit pas de se limiter à transmettre des informations et des connaissances, mais de vouloir développer la flexibilité mentale, la capacité de l'enfant à *apprendre à apprendre* de manière qu'il puisse interpréter et gérer la réalité qui change, en réussissant à rénover à chaque fois les schémas de référence.

> Au cours de mon expérience élaborée sur plusieurs dizaines d'années avec des enfants en difficulté d'apprentissage, j'ai pu vérifier le fait que l'*expérience d'apprentissage médiatisé* ne se limite pas à apporter des modifications au niveau du comportement. Dans de nombreux cas, elle influe sur la structure de base même du cerveau. Et les recherches les plus récentes dans le domaine de la neurophysiologie ont confirmé ce que nous avons toujours soutenu, à savoir que l'*expérience d'apprentissage médiatisé* a un effet jusque dans les zones du cerveau qui sont restées peu développées ou qui ont été endommagées par des facteurs génétiques, des traumatismes ou des anomalies chromosomiques.
>
> On explique ainsi que, auprès de notre Centre à Jérusalem, des enfants affectés du syndrome Down (aussi appelé trisomie 21) ou jugés irrécupérables peuvent fréquenter l'université et mener une vie productive et utile aux autres.
>
> Je pense donc que l'*expérience d'apprentissage médiatisé*, comme elle est présentée dans ce livre, peut être très utile pour un grand nombre de parents.

Parmi toutes les expériences émotionnelles, la plus importante est celle d'être capable de s'identifier à la personne qui reçoit notre soutien. Cette capacité ne peut exister sans une composante cognitive forte et structurée : il faut, en effet, savoir *se représenter dans son propre esprit* les émotions et les sentiments ressentis par les autres, comme si nous en faisions l'expérience à la première personne, de manière à rompre la distance cognitive qui s'interpose entre nous et notre prochain.

Voilà pourquoi de ce point de vue, par rapport à un autre éducateur, les parents possèdent un avantage : ils peuvent mieux que quiconque avoir la même intensité d'identification dans la communication avec l'enfant.

On sous-évalue souvent l'interdépendance entre les émotions et les activités cognitives. Mais c'est seulement en élaborant de manière cognitive nos émotions que nous pourrons en ressentir la profondeur, l'épaisseur et la signification. Et avoir la possibilité de vivre une *expérience d'apprentissage médiatisé* permet d'accomplir ce lien.

La médiation, en effet, ne correspond pas à une simple application d'activités ou de stratégies éducatives : il s'agit d'un art qui s'adapte aux besoins des enfants et des parents, en les faisant grandir ensemble.

Je n'hésite donc pas à recommander la lecture de ce livre parce que, selon moi, il représente un remarquable effort pionnier dans le fait de montrer que l'*expérience d'apprentissage médiatisé* est un instrument grâce auquel les parents, en collaborant activement à l'œuvre du Créateur, forment l'enfant, l'homme du futur.

Reuven Feuerstein est directeur de l'Institut de recherche Hadassah-Wizo-Canada et professeur de psychologie et de pédagogie à la Bar Ilan University en Israël. Il a enseigné à la Yale University, dans le Connecticut. À Jérusalem, il dirige l'ICEP, *International Centre for Enhancement of Learning Potential* (Centre international pour le développement du potentiel d'apprentissage), qu'il a fondé en 1992.

L'histoire d'une découverte révolutionnaire

• L'intelligence peut s'apprendre
• Il est possible de changer la structure du cerveau
• « Il possède un quotient intellectuel très bas ». Et alors ?
• Le *Programme d'enrichissement instrumental*

Reuven Feuerstein, professeur de psychologie et de pédagogie à l'Université Bar Ilan, en Israël, a passé toute sa vie à essayer de convaincre ses collègues de la validité de ses affirmations.
Après des années d'ostracisme, de méfiances et de boycottages, ses livres sont traduits aujourd'hui en quinze langues, y compris en chinois. Vingt-huit universités, éparpillées dans le monde entier, de la Belgique au Chili, se sont associées à l'institut qu'il a fondé à Jérusalem, l'ICELP (*The International Centre for the Enhancement of Learning Potential,* Centre international pour le développement du potentiel d'apprentissage).

L'intelligence peut s'apprendre

Qu'est-ce que dit Feuerstein pour susciter d'un côté autant de méfiance et de l'autre les adhésions les plus enthousiastes ? Il exprime un concept aussi simple que révolutionnaire : *l'intelligence peut être enseignée, et donc augmentée dès les premières années de l'enfance.*
Ce n'est pas une hérédité non modifiable que chacun de nous porte en soi pour toujours, sans possibilité d'évolution.
Au contraire, c'est un ensemble d'habiletés et de processus mentaux qui nous permettent de donner un sens au monde qui nous entoure,

et d'acquérir les informations nécessaires pour résoudre les problèmes qui nous sont posés. Un phénomène dynamique, en somme, qui peut *s'apprendre*.
Voici à ce propos une histoire exemplaire, racontée par Reuven Feuerstein lui-même.

La leçon de Vitalba
Il y a vingt ans encore, je m'avouais parfois vaincu. Face à de graves problèmes génétiques, je pensais qu'il m'était impossible de faire quelque chose. Jusqu'au jour où je rencontrai Vitalba. Elle venait d'Italie, elle était âgée de 12 ans. Elle ne parlait pas, et elle ne prenait aucune initiative si sa mère ne la prenait pas par la main.
« Je ne peux rien faire pour elle », admis-je. Sa mère eut un mouvement de rébellion.
« Non ! » s'exclama-t-elle. « Professeur, faites quelque chose, parce que je n'accepterai jamais que Vitalba reste comme ça. »
J'étais peu convaincu lorsque je l'accueillis, je voulais surtout satisfaire la mère de l'enfant. Cependant après un an de travail, la jeune fille savait lire et écrire en choisissant les lettres magnétiques qu'elle assemblait sur un tableau. Ce fut pour moi comme une gifle.
Ensuite, je commençai à la faire travailler sur ordinateur. Elle faisait des progrès, mais elle avait toujours besoin que sa mère la stimule, qu'elle la fasse sortir de l'aboulie.
Un jour je demandai à Vitalba : « Pourquoi une jeune fille intelligente comme toi a toujours besoin de sa maman pour travailler ? » Après quelque temps, je reçus la réponse dans une lettre qui disait : « Cher professeur, si pendant toute votre vie vous aviez vécu avec des gens qui continuaient à vous dire que vous êtes incapables de faire quoi que ce soit, et que votre mère est la seule personne à croire en vous, je pense que vous aussi, cher professeur, vous auriez eu besoin de votre maman. »
C'était la deuxième gifle que je reçus.
J'ai bien retenu la leçon que m'avait donné la maman de Vitalba : pour transformer une personne, il faut croire dans ses capacités. Tout devient alors possible.

L'histoire d'une découverte révolutionnaire

C'est cette conviction inébranlable qui a permis à Feuerstein de réfuter ce qu'on appelle le *fait accompli*, la *situation inchangeable*, l'*évidence scientifique* qui tendent à bloquer les enfants dans une définition dont il est pratiquement impossible de se libérer : caractériel, retardé, avec un faible quotient intellectuel, incapable de se concentrer, pas motivé…

Chaque enfant, même celui que l'on définit comme étant un cas désespéré, possède au contraire les potentialités pour changer, il est modifiable.

Les résultats ont donné raison à Feuerstein. Ses dossiers sont pleins de cas sensationnels.

Martin, Alan, Ralph…

Martin, un enfant autiste qui, à l'âge de 18 ans, avait été confié sans espoir à un institut, vit aujourd'hui tout seul, et espère un jour se marier.

Alan, atteint du syndrome de Down, orphelin, s'occupe depuis plusieurs années de personnes âgées comme infirmier.

Ralph, caractériel, violent, auquel on avait attribué un quotient d'intelligence très inférieur à la moyenne, a passé ses diplômes à 21 ans et est devenu infirmier dans un hôpital.

✓ McVica Hunt, professeur émérite de l'Université de l'Illinois se rappelle : « Il y a des années de cela, j'avais rencontré au Centre de Feuerstein un jeune garçon de 13 ans avec un quotient d'intelligence assez bas. Je le rencontrai quelques années plus tard. Il venait juste de finir son doctorat en psychologie à la Sorbonne à Paris, l'université la plus prestigieuse de France. »

Il ne s'agit pas de faire des miracles, mais plutôt de travailler dans le but de « modifier l'individu de manière durable, de manière que l'exposition à des stimulus riches et variés le rende capable de répondre activement, en augmentant surtout sa capacité de *penser avant d'agir.* »

Désormais, les études qui ont vérifié le principe, exprimé en premier lieu par Feuerstein, selon lequel l'intelligence n'est pas fixe, non modifiable, déterminée dès la naissance, sont nombreuses.

Comme nous le verrons au cours de ce livre, l'intelligence peut non seulement être développée, mais aussi *enseignée* et modifiée *structurellement* : « l'hérédité génétique », explique Feuerstein, « n'a pas le dernier mot ».

Il est possible de changer la structure du cerveau
Les expériences de Kandel

Au début de mon activité je soutenais, contre l'avis de tous, qu'il était possible de faire obstacle aux limites biologiques en changeant le comportement d'un individu. Je n'osais pas encore affirmer ce que j'ai toujours cru et qu'aujourd'hui je vois confirmer officiellement par la science : nous pouvons changer non seulement le comportement, mais aussi la structure du cerveau.

Je me rappelle, il y a de cela quelques années, quand je me retrouvai à participer à une conférence avec Eric Kandel, professeur à l'Université de Colombia aux États-Unis. Il semblait alors que nous voulions soutenir l'impossible : l'homme est structurellement modifiable.

En 2000, Kandel a reçu le Prix Nobel de médecine et de psychologie, pour avoir démontré par des expériences scientifiques que le cerveau peut non seulement s'enrichir chaque jour de nouvelles connaissances, mais aussi créer de nouvelles structures neuronales, et s'il est soumis à des stimuli adéquats, il est capable de se réinventer, en activant de nouvelles cellules.

En fait, c'est comme si nous soutenions que notre ordinateur peut non seulement se mettre à jour tout seul ou substituer lui-même ses programmes c'est-à-dire le software, *mais aussi changer sa structure physique et ses mécanismes internes, l'*hardware.

À partir des affirmations de Reuven Feuerstein, on peut tirer trois conséquences pratiques de grande portée :

1. L'homme est le produit de la biologie mais aussi de la culture.
La biologie impose des restrictions, mais la culture ne les accepte pas. Les valeurs, les symboles, les traditions dépassent les limites physiques. La vie de l'homme se déroule ainsi dans une tension continue entre *être*, maintenir sa propre continuité biologique, et *exister*, changer, évoluer, aller au-delà des limites coercitives de notre propre patrimoine génétique.

2. Il n'existe pas des traits ou des caractères innés et immuables.
Au contraire, chacun de nous se trouve à un certain moment de sa vie dans un *état* déterminé, une condition passagère qui n'est pas immuable, et qui peut être modifiée.

3. La structure même du cerveau est modifiable. On peut changer non seulement le comportement mais aussi le cerveau, qui peut être structurellement modifié. À n'importe quel âge et dans n'importe quelles conditions, on peut apprendre ou réapprendre.

« Il possède un quotient intellectuel très bas. » Et alors ?

On est dans l'immédiat après-guerre. Feuerstein, juif roumain, avait échappé aux camps de concentration nazis.

Arrivé en Israël, il dut s'occuper, en tant que psychologue, d'enfants qui avaient survécu aux camps d'extermination, arrachés aux parents ou témoins de leur mort dans les chambres à gaz.

Une grande partie d'entre eux, privés pendant des années de toute expérience au niveau humain, avaient de graves problèmes d'apprentissage. Les tests psychologiques donnaient des résultats impitoyables. Ce qu'on appelle le quotient intellectuel (IQ en anglais ; *voir aussi* « Quelle est ta forme d'intelligence ? » dans le chapitre « La brebis galeuse de la famille »), calculé sur un maximum de 100 points, ne dépassait pas le plus souvent 70. En se référant aux grilles d'évaluation, ils devaient se définir comme étant *idiots*.

Grâce à une patience déterminée, Feuerstein essaya de pénétrer le mur d'apathie que la terreur avait construite autour de ces enfants. Il y réussit. Lentement, ils commencèrent à changer, à apprendre. En quelques années, ils furent réinsérés dans des classes normales.

Qui avait raison ? Les tests de Feuerstein ? Les faits étaient irrévocables, et donnaient raison au professeur : quelque chose dans les tests ne fonctionnait pas. « Il existe une équivoque fondamentale », raconte Feuerstein. « Les tests nous parlent de ce que l'enfant a appris, mais ils ne disent rien sur ses possibilités d'apprentissage. Fort de cette conviction, j'ai créé un examen qui ne veut pas photographier l'enfant comme il est, mais qui essaie de mesurer sa capacité à apprendre : le *Potential Assessment Device*. »

Les psychologues du monde entier furent scandalisés parce que Feuerstein violait volontairement toutes les règles de ce qu'on appelle l'*objectivité scientifique*. Durant les tests, il intervient, encourage l'enfant, le complimente s'il répond bien, l'oriente s'il prend une mauvaise direction.

En quelques mots, « il est son supporter ».

« Pourquoi », se demande-t-il, « donner un test à un enfant en l'enfermant dans une salle face à un instructeur muet et impassible comme une statue ? Il faut le réconforter. L'aider. Le consoler. Alors, peut-être, réussira-t-il à s'ouvrir. »

Le *Programme d'enrichissement instrumental*

Au passage des années, en partant du principe que l'intelligence peut être modifiée et que l'on peut enseigner les processus nécessaires pour la développer, Feuerstein mit au point un programme capable de stimuler les capacités intellectuelles.

Après avoir pris en charge les survivants des camps d'extermination, ils durent s'occuper des immigrés qui, par vagues successives, arrivaient de régions particulièrement sous-développées, en Israël. Ce furent d'abord les Marocains, puis les Yéménites et, dans les dernières années, les Éthiopiens.

Sa célébrité dépassait les frontières. Feuerstein commença à s'occuper des mineurs culturellement retardés et des personnes ayant un handicap puis, dans un second temps, des étudiants universitaires qui échouaient à chaque fois.

Enfin, on a découvert que son *Programme d'enrichissement instrumental* pouvait être appliqué et obtenir de bons résultats même

L'histoire d'une découverte révolutionnaire

dans le monde de la recherche et de l'industrie, dans le cadre de la préparation du personnel à affronter de nouvelles technologies.

✓ Aujourd'hui les principes de Feuerstein, connus dans le monde entier, sont appliqués par des milliers d'enseignants.
Le gouvernement vénézuélien les a adoptés pour des plans d'étude destinés aux futurs instituteurs, et en France, au Canada, en Belgique, en Chine, et aux États-Unis, à Nashville comme dans le Bronx à New York, plus de 100 000 enfants et adultes suivent chaque année son programme.
Les employés de grandes industries comme Peugeot, Pirelli, Michelin, Motorola suivent ses cours de mise à jour, tandis qu'en France ils ont été adoptés avec succès pour la réinsertion des chômeurs et des personnes marginalisées.

En Italie, le ministre de l'Instruction publique (Éducation Nationale) en a autorisé l'adoption dans différentes écoles, tandis qu'un cabinet prestigieux de consultants en management, le centre Binah de Milan, propose aux cadres et aux hauts dirigeants de sociétés multinationales des cours de formation inspirés des principes de Feuerstein pour affronter avec flexibilité les défis du nouveau millénaire.

Je voudrais savoir pourquoi dans l'entreprise de papa,
ils sont tous idiots.
(Léo, 4 ans)

La méthode Feuerstein se fonde sur trois principes :
1. *Le diagnostic des potentialités d'apprentissage;*
2. *Le Programme d'enrichissement instrumental;*
3. *L'expérience d'apprentissage médiatisé.*

Dans ce livre, parallèlement à un aperçu des deux premiers points du programme, qui demandent une formation professionnelle, nous présentons l'*expérience d'apprentissage médiatisé*, la partie la moins technique, mais aussi la plus utile. Sans elle, aucun apprentissage n'est possible. Pour pouvoir l'appliquer, il n'est pas nécessaire d'avoir des connaissances spécifiques, mais seulement la volonté de l'utiliser à chaque fois que c'est possible.

Voilà donc, dans les chapitres suivants, les principes à suivre jour après jour avec vos enfants, qui sont dotés de capacités extraordinaires pour mettre en lumière leurs dons et leurs talents.

Ici, on apprend à se sentir utiles

• Actuellement, auprès de l'*International Centre for Enhancement of Learning Potential* (ICELP) fondé à Jérusalem en 1992, il y a des cours de spécialisation pour les enseignants, des laboratoires équipés pour établir des diagnostics concernant les enfants ayant des difficultés cognitives, et il est possible de séjourner dans le centre dans une résidence où plus de 150 jeunes suivent le *Programme d'enrichissement instrumental* (voir le chapitre « C'est comme ça que nous apprenons tous à penser »).

• Feuerstein ne veut pas être rétribué pour son travail : « Je ne veux pas que mon intérêt majeur ou mineur pour un enfant soit conditionné par le fait que ses parents possèdent plus ou moins d'argent ».

L'argent pour la survie du centre provient des fondations, des donations et des droits de copyright pour les cours.

• Quelle que soit la situation de départ, on travaille au Centre pour faire émerger toutes les potentialités intellectuelles.

En général, on croit qu'on doit offrir un enseignement concret aux personnes en difficulté. « Mais en liant l'enfant à un monde essentiellement pratique et en le forçant à agir dans le cadre des limites et des opportunités qu'offre cet environnement, nous ne réussissons pas à atteindre l'objectif, même si nos efforts obtiennent un résultat. Non seulement nous n'améliorons pas sa capacité à être à la hauteur des tâches qu'il doit affronter, mais au fond nous la réduisons de façon substantielle », explique Feuerstein. « La réalité de la vie n'est pas seulement concrète : au contraire, l'adaptation demande l'activation de la pensée abstraite. »

• On ne doit donc pas se contenter de rendre autonome une personne afin qu'elle ne pèse pas sur la société, mais il faut faire ressortir toutes ses ressources pour qu'elle arrive à être et à se sentir socialement utile.

C'est la caractéristique qui rend l'enrichissement instrumental différent de tous les autres programmes qui orientent leurs efforts vers l'acquisition de techniques cognitives spécifiques. « La différence est comparable à l'idée qui consiste à donner à quelqu'un un poisson prêt à manger tous les jours, au lieu de lui fournir l'équipement nécessaire, les connaissances et les techniques qui lui permettront de pêcher tout seul, à chaque fois qu'il en aura besoin ou qu'il voudra le faire. »

• À l'ICELP, les jeunes atteints d'un handicap grave, même moteur, ou atteint du syndrome de Down, aident les personnes âgées affectées de la maladie d'Alzheimer, et sont responsables des soins qu'ils leur apportent.

« Ce qui m'a le plus ému » a raconté le metteur en scène Gianfranco De Bosio après une visite au Centre, « ç'a été de voir ces jeunes. Moi, je crois qu'aucun infirmier spécialisé, aucun docteur, aucun professeur, et probablement même pas ceux qui travaillent avec Feuerstein, seraient aussi attentifs, délicats, voire même raffinés et intelligents, pour accompagner ces vieux dans les escaliers. Je n'arrive pas à les oublier. Ils avaient de la grâce, de la sensibilité, de l'amour. »

COMMENT
DÉVELOPPER L'INTELLIGENCE

Il s'est appliqué,
mais ça n'a rien donné...

Ou Qu'est-ce que la médiation ?

• La leçon de Jean Piaget
• L'importance de l'intermédiaire
• Nous sommes tous des *dépaysés*
• Apprenons à reconnaître les mécanismes de la pensée

Un jour Feuerstein se trouva devant Mosche, un garçon de 14 ans. Il venait de l'Ouzbékistan. Il ne connaissait pas les jours de la semaine ; il dessinait des enfants avec les bras qui sortaient de la tête, et on lui avait attribué un quotient intellectuel de 55 points : selon les grilles d'évaluation, il était idiot.
Son histoire était intimement liée aux privations culturelles. Il provenait d'une famille juive qui, pendant de nombreuses années, avait vécu dans un petit village, jalouse de ses traditions, transmises de père en fils. Déracinée du village, la famille avait émigré à Moscou, perdant tout contact avec ses racines.
Le père, artisan, était trop fatigué quand il rentrait à la maison pour célébrer les rites religieux habituels, et la mère, ayant à s'occuper de plusieurs enfants, avait encore moins d'énergie à leur consacrer.
Bombardé des mille sollicitations de la grande ville, privé de points de repères et de points d'ancrage traditionnels, Mosche se trouvait *dépaysé*, dans le sens littéral du terme, incapable de s'orienter, sans mémoire ni souvenirs.

La leçon de Jean Piaget

Dans sa jeunesse, Feuerstein avait été l'élève de Jean Piaget, le grand psychologue et psychopédagogue suisse, qui centra toute son attention sur la nécessité d'exposer les enfants à une multiplicité de stimuli pour les faire grandir intellectuellement. Mais quelque chose dans la théorie de Piaget ne l'avait pas complètement convaincu. Pourquoi, se demandait-il, tout en étant exposé aux stimuli de la grande ville, Mosche ne réussissait pas à les organiser et à leur donner un ordre compréhensible ?

Pourquoi, en revanche, les enfants éthiopiens catapultés d'un seul coup en Israël en provenance de villages isolés où leurs ancêtres avaient vécu durant des millénaires, n'avaient pas eu les mêmes problèmes d'adaptation à la société technologique que Mosche et que d'autres petits enfants venant de l'Ouzbékistan ?

Et, plus généralement, pourquoi des enfants exposés au même type de stimuli réagissent de manière considérablement différente ?

Question d'intelligence innée, répondaient les chercheurs.

Cette réponse peut être valable s'il s'agit de prendre en considération un cas particulier, mais Reuven Feuerstein se trouvait face à des populations entières. Tous les jeunes qui arrivaient de l'Ouzbékistan manifestaient les mêmes difficultés que Mosche, tandis qu'au contraire les enfants éthiopiens s'adaptaient facilement à la nouvelle situation. Cela venait-il du fait que les premiers étaient peu doués et que les seconds étaient *tous* intelligents ?

Évidemment, cela ne pouvait être une explication satisfaisante. Le modèle de Piaget, *stimuli-sujet-réponse,* ne pouvait réussir à tout expliquer.

L'importance de l'intermédiaire

L'intervention d'un intermédiaire était nécessaire, quelqu'un qui puisse relier le *stimulus* au *sujet* pour l'interpréter, le rendre compréhensible, susciter une émotion, le relier à un lieu bien précis de son monde, vivre avec lui une expérience.

Les *médiateurs* naturels sont les parents et les enseignants, mais pas seulement. Les traditions, les rites et les symboles sont des médiateurs formidables. Ils suscitent des émotions, dépassent le sens immédiat de l'objet, ils le relient à l'histoire individuelle et collective.

Dans les sociétés traditionnelles, une grande partie des médiations se faisait presque inconsciemment. Chaque moment de la vie était accompagné d'objets, de mots, d'actions qui avaient un sens symbolique, qui inséraient un geste, apparemment banal, dans un contexte chargé de sens : par exemple les habits de fête, la bénédiction, les fêtes des semailles et des moissons.
Aujourd'hui, en l'absence de cette trame subtile de rapports, la médiation repose surtout sur la famille et les éducateurs.

Ce n'est pas chose aisée. Les parents de l'Ouzbékistan, déracinés de leurs villages et abandonnés à eux-mêmes dans la pagaille des grandes villes, n'avaient pas réussi à transmettre ce qui pendant des siècles avait été assuré par les traditions religieuses et culturelles. Un lien s'était rompu et rien ne l'avait remplacé.
Les Éthiopiens, au contraire, qui étaient passés en quelques heures du Moyen-Âge à l'époque technologique, avaient eu la chance de trouver un accueil qui les avait aidés à adapter leur culture, encore intacte, à l'accomplissement de leurs nouvelles tâches.

Nous sommes tous des « dépaysés »

Nous risquons tous, même si c'est de façon différente, d'être continuellement des êtres déracinés. « Les révolutions toujours plus rapides produites par la technologie », explique Feuerstein, « font de nous tous des êtres *différents* d'un point de vue culturel. »
Les changements qui, à une époque, prenaient des siècles pour se développer, se réalisent aujourd'hui en quelques années. Et il est toujours plus nécessaire de développer la capacité d'affronter avec flexibilité les nouvelles situations. Avant, l'école servait à transmettre des connaissances qui devaient durer toute la vie. Aujourd'hui, on a besoin du développement de la capacité plus générale d'*apprendre à apprendre* : c'est-à-dire d'être capable de renouveler nos propres schémas de référence.
D'être en fait flexibles, capables d'*interpréter* la réalité qui change, sans la subir passivement.

L'accident de la centrale nucléaire de Three Mile Island, qui a eu lieu aux États-Unis en 1979, est un exemple classique de la manière dont une situation imprévisible, même pour des personnes responsables de haut niveau, habituées à prendre des décisions selon des schémas logiques et précis, peuvent avoir besoin d'améliorer leurs propres stratégies intellectuelles.

L'accident de Three Mile Island
Pour être sûrs d'intervenir correctement en cas de panne, il y avait, dans la salle de commandes de la centrale nucléaire, trois témoins d'urgence : s'ils s'allumaient tous les trois, cela signifiait que quelque chose ne fonctionnait pas et qu'il fallait prendre des mesures.
En dernière précaution, on avait ajouté un quatrième témoin de contrôle, qui s'allumait seulement en cas de panne de l'un des trois autres témoins.
Un jour, les quatre témoins s'allumèrent en même temps.
Qu'est-ce que cela voulait dire?
C'était évident, pensèrent les techniciens chargés de la sécurité. Étant donné que le témoin de contrôle s'était allumé, cela signifiait qu'il y avait une panne dans au moins l'un des trois témoins d'urgence, qui s'était donc allumé par erreur : il ne pouvait s'agir que d'une fausse alarme.
Certains que leur raisonnement était juste, les techniciens n'intervinrent donc pas, jusqu'au moment où, à un certain point, apparurent les signes très évidents d'une explosion imminente.
Quelle avait été l'erreur logique?
Ils n'avaient pas pris en considération une autre possibilité, même si elle semblait impossible : celle que le témoin de contrôle ne fonctionnait pas et signalait par erreur une panne aux témoins d'urgence. Lesquels, en revanche, fonctionnaient tous très bien, et indiquaient vraiment la présence d'un danger.

De nombreuses études ont démontré que chacun de nous, même la personne la plus brillante, n'utilise pas plus de 10 à 20 % de ses possibilités intellectuelles. Nous nous comportons avec notre cerveau comme nous nous comportons avec un appareil électroménager :

nous nous contentons de quelques fonctions, toujours les mêmes, sans utiliser toutes les potentialités qu'il offre.

Face à un problème, nous sommes tentés instinctivement de proposer les mêmes solutions, qui *nous* semblent « évidentes », mettant en œuvre les schémas de raisonnement que nous avons déjà adoptés dans le passé. Et quand celles-ci ne fonctionnent pas, nous nous sentons dans l'embarras, inadéquats.

« Mais comment ai-je fait pour ne pas y penser avant ? Que je suis bête, je n'y ai pas pensé. »
« À un certain moment, je ne sais pas comment, tout d'un coup, j'ai trouvé la solution. »
« J'ai une idée. »

Mais *comment* est venue cette idée ? Et *pourquoi* nous n'avons pas réussi à comprendre qu'une situation différente demandait une approche différente ?

Apprenons à reconnaître les mécanismes de la pensée

La proposition est la suivante : *apprendre* à reconnaître ses propres mécanismes de pensée, de manière à réussir à les gérer, sans devoir les subir passivement.

Durant les cours de Feuerstein, les enfants atteints de trisomie ou les professeurs d'université, les employés ou les managers, partant de leurs propres handicaps, petits ou grands, personnels, apprennent à définir les différentes opérations mentales ; ils s'habituent à considérer les choses sous un point de vue qui, au premier coup d'œil, semblait absurde ; ils prévoient des scénarios improbables en insérant des variables plus ou moins complexes.

> **Il a été démontré que le cerveau peut être « réparé »**
>
> « Le cerveau est une machine capable de se créer ses propres capacités. » C'est ce que le neuroscientifique Michael Merzenich, professeur à l'Université de Californie à San Francisco, affirme.
>
> • Selon les dernières recherches, les gènes ne sont pas plus déterminants que d'autres facteurs dans le développement des capacités intellectuelles : le cerveau, en effet, a la possibilité de dépasser ce qui, il y a peu de temps encore, était considéré comme des handicaps héréditaires, comme la dyslexie, s'il est corrigé de manière adéquate. « Des techniques sophistiquées d'enquêtes neurales nous permettent de démontrer qu'à travers des exercices spécifiques, on peut produire des changements dans les structures cérébrales », affirme Merzenich.
>
> • De nombreux désordres mentaux qui jusqu'à aujourd'hui étaient vus comme des défauts génétiques, sont en revanche de type fonctionnel. « Dans de nombreux cas, le cerveau est comme une auto qui est embourbée : plus on appuie sur l'accélérateur, plus on empire la situation, mais il suffit de la pousser un peu pour la faire sortir du trou ».
>
> • Les changements ne se limitent pas uniquement aux années de l'enfance. Des expériences en laboratoire démontrent que les adultes aussi, s'ils sont réellement stimulés, peuvent développer de nouveaux réseaux de neurones.

Ils prennent des décisions en établissant un objectif et en mettant en œuvre volontairement des stratégies de pensée non habituelles, qui permettent, quel que soit le niveau de départ, d'être plus flexibles, capables de gérer le nouveau et l'imprévisible : en d'autres mots, d'être *plus intelligents*.

Tu t'es cogné. Ça t'apprend !
Ou Les douze critères de la médiation

• Les qualités requises pour être un médiateur
• Objectif : stimuler les processus intellectuels

Le premier médiateur que l'enfant rencontre est le corps doux et chaud de sa maman qui l'accueille quand, sortant de la tiédeur de son ventre au moment de la naissance, il se retrouve face aux lumières éblouissantes et au fracas des pinces et des cuvettes. À partir de ce moment-là, le chemin plein de sentiers imprévisibles que doit parcourir l'enfant sera moins incertain et plus rassurant si à ses côtés, il trouve une main amicale qui réussira à « adoucir » le contact, quelquefois difficile, avec la réalité.

En grandissant, il aura de moins en moins besoin d'une *médiation* entre lui et le monde physique. Il ressentira en revanche la nécessité de comprendre, de classifier, de donner un sens, d'établir des hiérarchies, de comparer les situations, de mettre en ordre et de ranger les innombrables stimuli qu'il reçoit quotidiennement.

Sans cette capacité, c'est comme si, pour ranger nos vêtements, au lieu d'utiliser les portemanteaux, de les plier correctement, ou de les ranger dans les armoires, nous les mettions en boule ou en tas, dans un coin de la pièce. Nous perdrions une grande partie de notre temps à chercher ce dont nous avons besoin, et une fois que nous aurions trouvé une chaussette, par exemple, nous ne saurions de toute façon pas quoi en faire, parce qu'il nous manquerait l'autre de la même taille et de la même couleur.
De la même façon, si nous étions privés de schémas mentaux, nous ne réussirions jamais à donner une logique à nos pensées et un ordre à nos informations.

Georges et la table du salon
Georges, 3 ans, accroupi sous la table du salon, est en train d'examiner le petit train qu'on vient de lui offrir. Au moment où il le met en marche, gagné par l'enthousiasme devant l'explosion inattendue des lumières phosphorescentes, il se relève pour faire voir ce miracle à son père. Il se cogne la tête contre la table, et se met à pleurer.

L'apprentissage, expliquent les psychologues, peut se faire de deux façons :
1. Par une exposition directe au stimulus : en se cognant la tête, Georges apprend que « le bois est un corps solide ».
2. Ou bien, à travers l'intervention d'un médiateur : c'est-à-dire, si le père avait invité l'enfant à considérer ses mouvements en fonction des obstacles.

Grandir en se cognant reste cependant un processus lent, hasardeux et incomplet.
Les enfants apprennent mieux, avec plus ou moins de risques, si quelqu'un leur donne les moyens de prévoir leurs propres mouvements, et de « heurter » la réalité.

Paul et le voyage en bus
À bord d'un vieux bus, Paul est en voyage avec son père pour aller trouver sa grand-mère qui habite dans un village de la région de Lodi en Italie. Après avoir obtenu la place à côté de la fenêtre, profitant d'un moment d'inattention de son père, Paul monte sur le siège et se penche à la fenêtre.
Il est content de sentir le vent dans ses cheveux. Mais tout à coup son père le tire brusquement et le fait « ré-atterrir » sur son siège. « Je t'ai déjà dit mille fois de ne pas te pencher à la fenêtre ! ». Paul croise les bras, cache ses poings sous les aisselles et commence à bouder. Cependant, peu de temps après, la même scène se répète. Une minute d'inattention de son papa et Paul saute sur le siège, se penche une nouvelle fois à la fenêtre ; son père l'attrape de nouveau, mais cette fois, pour bien lui faire comprendre la leçon, il lui donne une claque. Il se met alors à crier et à pleurer, et de nombreux passagers se tournent pour

regarder la scène. À la fin, Paul décide de rester « collé » à son siège pour tout le reste du voyage.

L'objectif est atteint. Médiation réussie ? Oui. Efficace ? Cela dépend. Il est très probable que quand Paul sera en bus avec son père il restera assis à sa place. Mais quelle sera son attitude quand, le matin, il ira à l'école en autobus avec ses amis ?
Il sera impatient de faire le pitre et de « provoquer » son père absent, en se penchant à la fenêtre.

Pour utiliser le jargon des psychologues, « *l'aspect structurel, autoperpétuel et d'autorégulation n'a pas été atteint* ». En d'autres termes, dans le comportement de Paul, un changement a eu lieu, mais il n'a pas duré et, surtout, il n'a pas été intériorisé par l'enfant : à la première occasion, Paul recommencera à pencher sa tête par la fenêtre.

La claque a atteint momentanément son objectif, mais elle ne correspond pas aux objectifs qu'elle se propose d'obtenir.

Eugène et la visite au musée
Eugène, en voyage avec sa famille à Francfort, entre dans une des salles du Musée des Sciences. Il passe d'une vitrine à l'autre, presse les boutons, appuie sur les interrupteurs, tire les cordelettes, s'assoit dans la cabine de pilotage d'un avion, et souligne chaque découverte en émettant de petits cris de joie et des glapissements de contentement. Sa maman le regarde, satisfaite. « Comme il s'amuse, pense-t-elle, je suis contente de l'avoir emmené ici. Mais je me demande bien ce qu'il comprend. »

« Peu de choses », affirme Feuerstein, en conflit avec les partisans de la libre expression, de la spontanéité, et de la non-interférence entre l'enfant et le monde des stimuli. Pour éviter que la visite du musée ne soit vouée à la dispersion, il aurait suffi de rêver avec lui devant l'enchevêtrement des alambics, de se poser la question du pourquoi de ces étranges étincelles et de ces sons si particuliers.
Il aurait été préférable de partager son enthousiasme, de communiquer ses émotions, sans pour autant se sentir obligé de jouer le

rôle de l'enseignant, et de franchir la distance qui existe entre soi et l'enfant, en partageant son étonnement et le même trouble.

✓ « La médiation est une qualité de rapport. Au lieu d'affronter par hasard des fragments de la réalité, l'enfant a en face de lui un médiateur, qui peut être son père ou sa mère, un enseignant ou un frère, qui s'interpose entre lui et les stimuli avant que ne se vérifie l'affrontement. Que fait le médiateur ? Il joue le rôle d'*intermédiaire* : il sélectionne, organise, met en place un schéma et impose une séquence aux stimuli. Selon les cas, il en accentue certains et en ignore d'autres. C'est seulement de cette manière, grâce à cette intervention, que l'enfant pourra apprendre à partir de ses expériences et devenir une personne active ».

Les qualités requises pour être un médiateur

Pour être un médiateur, est-il nécessaire d'obtenir une maîtrise en psychologie ? Se permettre le luxe de recourir à des jeux didactiques ? Ou, tout au moins, avoir du temps à disposition pour écouter les discussions incessantes de nos enfants ?

En réalité, il n'est pas nécessaire d'être cultivé, d'être riche ou d'avoir beaucoup de temps à sa disposition.
Il suffit de connaître certains mécanismes que nous adoptons souvent spontanément, que Feuerstein appelle les *critères de la médiation*, et apprendre à les rendre systématiques et explicites.
Feuerstein a décomposé le processus de la *médiation* en simples éléments constitutifs, le définissant avec précision et le dotant d'indications d'une efficacité extraordinaire, de manière à pouvoir les mettre facilement en pratique chaque fois que nous voulons transmettre un message, une valeur, un sens à nos enfants.

Pas seulement. En violant le tabou de l'impartialité scientifique, il soutient que la *médiation,* pour être efficace, pour améliorer les capacités de compréhension de soi et du monde, doit susciter des émotions, et donc être chargée de signification affective. Et c'est ce qui rend cette affirmation audacieuse : en violant tous les fondements et les tabous de la psychologie officielle, elle brise la tradition du XIXe siècle d'« impartialité scientifique », de « neutralité pédagogique », d'« évaluation objective » sur lesquelles l'enseignement scolaire de l'Occident se fonde.

✓ « L'une des raisons majeures de l'échec scolaire », observe Feuerstein, « se trouve dans la tentative de la part de nombreux enseignants de rester neutres par rapport à ce qu'ils transmettent aux élèves. Au lieu d'agir en tant que médiateurs de valeurs, ils apparaissent comme de purs et simples transmetteurs d'informations. Mais si ce qu'ils enseignent n'a pas de sens réel, on arrive à se demander : pourquoi s'épuise-t-on autant à centrer l'attention de l'enfant sur ces choses ? »

Objectif : stimuler les processus intellectuels

L'objectif n'est pas d'apprendre à compter à 1 an et à lire à 2, ni de transformer un enfant de 5 ans en expert en informatique. Il s'agit en revanche de stimuler ses processus intellectuels en lui posant des questions, en lui suggérant des comparaisons, en encourageant son imagination, en l'aidant à exprimer ses sentiments et à comprendre les nôtres. Communiquer des passions, « y mettre toute son âme », comme on disait avant. Et si nous faisons quelques pas en arrière dans les souvenirs de notre enfance, que pouvons-nous tirer des leçons de nos parents ou de nos enseignants, si ce ne sont celles qui nous ont donné des émotions inoubliables ?

En fait, c'est ce que chacun de nous fait avec ses enfants. Avec une différence cependant : on agit de manière *intentionnelle* et systématique, dans l'objectif précis d'*augmenter la capacité des enfants à modifier leurs structures mentales pour pouvoir s'adapter à la réalité qui change.*

En d'autres mots, leur donner l'intelligence, le pouvoir, la force, l'énergie qui les rendent sensibles à recevoir des stimuli de l'extérieur et qui les rendront capables d'évoluer pour répondre aux différentes situations qu'ils rencontreront dans la vie.

Cela ne signifie pas que les échanges avec nos enfants doivent se transformer en sessions didactiques lourdes et obsessionnelles. Il n'est pas possible de donner des « cours de médiation de 19 à 20 heures » comme on donne des cours de rattrapage en mathématiques. Au contraire. Pour être efficace, la médiation doit devenir un langage, une attitude de fond, une manière de partager une « *expérience* », où nous mettons nous-mêmes en jeu nos sentiments, nos émotions et nos projets. C'est pour cela que Feuerstein préfère parler d'*expérience d'apprentissage médiatisé* plutôt que de « médiation ».

Ce n'est pas si difficile que ça. On peut commencer par lui faire partager nos passions : en effet, chacun de nous a une activité préférée, un hobby, un intérêt envers certains aspects de la réalité. Notre médiation commence par là : elle peut passer à travers la bonne cuisine, la décoration de la maison, la peinture, la lecture, la pêche, voire même le sport et, pourquoi pas, la comptabilité. Ce n'est pas le contenu qui compte, mais l'intensité avec lequel il est transmis. Chaque occasion est bonne : durant les repas, au moment d'aller au lit, quand on fait les courses, pendant un pique-nique. Et nous pourrons constater qu'en mettant en œuvre les critères de la médiation, nous améliorerons immédiatement nos rapports à l'intérieur de la famille.

Les douze critères de la médiation

Il existe un certain nombre de possibilités de médiation, que nous appelons critères et qui nous permettent d'être conscients de ce que nous voulons réellement communiquer aux enfants.

Les trois premiers sont fondamentaux. Sans eux, comme nous le verrons, il n'y a pas les conditions nécessaires pour l'apprentissage.

1. L'intentionnalité et la réciprocité ;
2. La transcendance ;
3. La transmission du sens.

Derrière ces mots apparemment difficiles à comprendre, se cachent en réalité des concepts très simples.

Nous ne pouvons rien transmettre à nos enfants si nous ne le faisons pas de la manière suivante :

• en ayant une intention bien précise, et en s'assurant qu'ils sont en train de nous écouter (intentionnalité et réciprocité) ;

• en liant des situations et des réalités différentes (transcendance) ;

• en illustrant nos mots par des émotions et des significations plus profondes pour notre vie et notre futur (transmission du sens).

À côté de ces trois premiers critères, neuf autres formes de médiation existent, à utiliser à chaque fois en fonction des situations et des besoins particuliers de l'enfant. Au-delà de leurs noms complexes, on trouve des principes facilement applicables par tout le monde.

4. La transmission du sens de compétence ;

5. Le contrôle du comportement ;

6. Le comportement de participation ;

7. L'individualisation et la différenciation ;

8. L'individuation des objectifs et les stratégies pour les atteindre ;

9. La recherche de la nouveauté et de la complexité ;

10. La perception de soi-même comme êtres en évolution ;

11. La recherche de l'alternative optimiste ;

12. Le sentiment d'appartenance à la collectivité humaine.

Dans les chapitres suivants, ils seront examinés les uns après les autres.

 Souvent, les meilleurs médiateurs, parents mis à part, sont les grands-parents, les frères et sœurs, les compagnons d'école ou, quand ils existaient encore, les compagnons de jeu des rues.

Qui est le meilleur médiateur ? Feuerstein répond : « Celui qui *ressent le besoin* de donner un enseignement qui se projette dans le futur. Il présentera donc les objets et les faits de son passé de manière qu'ils soient acceptés, mais feront partie intégrante de la vie de l'enfant pour être ensuite, à la fin, transmis aux générations futures. Il est très difficile d'indiquer comme étant des médiateurs valables des individus qui n'ont pas fait des choix de valeurs. »

Ferme la porte !

Ou L'intentionnalité et la réciprocité

• Il faut faire attention aux réactions des enfants
• Et s'ils ne nous écoutent pas ?
• Cherchons un contact
• Expliquons nos intentions
• Contrôlons ce qu'ils ont compris

Imaginons la situation suivante : la porte de la maison est ouverte alors qu'on voudrait qu'elle soit fermée. Nous pouvons dans ce cas dire à l'enfant :

1. « *Ferme la porte.* »
2. « *Ferme la porte parce que ça fait des courants d'air.* »
3. « *Ferme la porte. Je n'aime pas quand elle est ouverte : je n'ai pas envie que tous ceux qui passent voient ce que nous sommes en train de faire.* »

• Dans le premier cas, l'enfant reçoit un ordre qui peut lui paraître *incompréhensible* : pour quelle raison la porte doit être fermée et ne peut pas rester ouverte ?
• Dans le deuxième cas, il comprend que la porte fermée empêche les courants d'air. Il apprend un principe important : il y a un rapport entre la *cause* (la porte ouverte) et la *conséquence* (le passage du courant d'air).
• Dans le troisième, nous transmettons à l'enfant le concept d'*intimité* : il y a des moments où nous voulons rester seuls, et nous n'aimons pas que les autres nous regardent tandis que nous sommes en train de faire quelque chose.

Si nous appliquons de façon systématique ce principe, à savoir l'*intention* de créer chez l'enfant la compréhension de ce qu'il fait ; si lorsque nous lui parlons nous nous demandons : « *Pourquoi suis-je en train de le lui dire ? Qu'est-ce que je me propose de lui communiquer ?* », le monde lui apparaîtra progressivement comme un film passionnant et bien structuré, et non pas comme une collection de photogrammes sans lien entre eux.

Il faut faire attention aux réactions des enfants

Il apparaît à travers de nombreuses recherches que les enfants « faciles » reçoivent moins d'attentions que les enfants agités. La grande partie des interventions des adultes est en effet provoquée par le comportement de l'enfant : on fait attention à lui s'il chuchote, s'il regarde autour de lui, s'il sourit, pleure, pose une question, tend la main, crie.
Les enfants « tranquilles », qui ne réagissent pas et n'essaient pas d'attirer l'attention, suscitent difficilement notre attention : « *Regarde comme il est sage, comme il est calme tout seul.* »
Pourtant, ce sont ces enfants-là qui ont besoin de stimuli.

À l'opposé, on trouve les enfants continuellement en mouvement, agités, incapables de se concentrer. Pour qu'ils restent tranquilles, au lieu d'essayer de canaliser leurs réactions, nous tendons à les abandonner devant l'écran hypno-magnétique de la télévision. Aujourd'hui, il n'est pas rare de voir un enfant qui prend son goûter assis sur le canapé et qui, en même temps, s'amuse avec un jeu électronique, regarde des dessins animés et écoute le dernier CD de son groupe préféré.
En réalité, toute cette richesse de stimuli ne sert pas. Au contraire, elle crée des difficultés de concentration, et par conséquent, amène à avoir une capacité d'attention très réduite.
Dans de tels cas, il est important de fixer la concentration de l'enfant sur ce qu'il fait, en sélectionnant les stimuli.

« Si tu lis, éteins la télé. »
« Quand tu manges, tu n'amènes pas tes jouets à table. »
« Si tu veux attacher tes lacets, pose ton crayon. »

Et s'ils ne nous écoutent pas ?

Dans les deux cas cités ci-dessus, c'est à nous de prendre l'initiative d'abattre le mur de l'indifférence ou de contrôler l'agitation de nos enfants. Ce n'est pas facile.

À ce propos, Feuerstein aime citer les mots qu'une petite fille a prononcés un jour en revenant de l'école.

« Maman, tu sais ce qu'elle a dit la maîtresse aujourd'hui ? »
« Non, dis-moi. »
« Que le Seigneur est dans notre cœur et qu'il nous dit ce que l'on doit faire. »
« Ah, oui ? Et si nous ne le faisons pas ? »
« Il répète. » (Micol, 5 ans)

Si l'on s'en tient à ce que dit Micol, il s'agit d'une bonne médiation. Si le message, le stimulus n'est pas reçu, il faut le répéter, calmement, même une dizaine de fois s'il le faut, jusqu'à ce que l'enfant l'ait intériorisé. Mais attention : avant de répéter il faut que l'enfant écoute, en bref, qu'il y ait *réciprocité*. Voyons de quoi il s'agit.

Mario
Mario rentre de l'école, laisse son cartable dans la cuisine, ouvre une barre coupe-faim pour le goûter en arrachant avec ses dents le papier d'emballage et « plonge » dans le canapé en prenant la télécommande dans la main, extasié par l'idée de suivre le dernier épisode de « son » dessin animé.
« Viens mettre tout de suite ton cartable à sa place ! » lui crie sa maman de la cuisine.
Mario continue à grignoter, tout content. Il n'entend pas. Et, s'il entend, il ne répond pas. Dans tous les cas, il sait déjà que la question s'arrêtera là.

Combien de fois nous parlons avec nos enfants, nous répétons « mille fois » les mêmes choses, mais ils ne nous écoutent pas ? Et combien de fois nous essayons de les intéresser à quelque chose, mais ils ne prêtent pas attention ? Souvent, il manque la *réciprocité*, à savoir une réponse active, qui nous confirme que les enfants ont compris nos messages et sont capables de les mettre en pratique de manière autonome et indépendante dans toutes les situations, même en notre absence.

Pour faire face à ces situations, il est possible d'adopter certaines mesures.

1. *Cherchons un contact*

Mario n'est pas préoccupé par le fait de ranger son cartable parce qu'il sait que la demande de sa mère est purement rituelle. Si nous voulons obtenir quelque chose d'un enfant, nous ne pouvons pas lui dire alors que nous sommes occupés à faire la cuisine ou à suivre le journal télévisé. Nous posons la spatule, nous baissons le volume de la télévision, nous nous approchons de lui, nous le regardons dans les yeux, puis, avec calme, nous lui parlons :
« *Je t'ai demandé de ranger ton cartable.* »

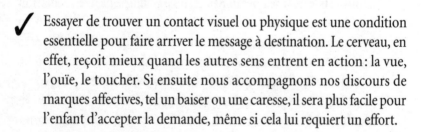 Essayer de trouver un contact visuel ou physique est une condition essentielle pour faire arriver le message à destination. Le cerveau, en effet, reçoit mieux quand les autres sens entrent en action : la vue, l'ouïe, le toucher. Si ensuite nous accompagnons nos discours de marques affectives, tel un baiser ou une caresse, il sera plus facile pour l'enfant d'accepter la demande, même si cela lui requiert un effort.

2. *Expliquons nos intentions*

« *Maintenant, je veux t'expliquer pourquoi je ne t'achète pas ce jeu vidéo. Peut-être que tu ne seras pas d'accord avec ce que je vais te dire, mais il est important que tu comprennes mon point de vue.* »

Il ne s'agit pas d'explications superflues, sans importance, comme on serait amené à le penser. Elles font partie de ce qui est appelé la *métacommunication* : donner des informations sur la communication en cours, en préciser le sens, rendre explicites les intentions de ce que nous sommes en train de dire.

✓ Cet effort, important dans tous les types de rapport, devient particulièrement nécessaire et précieux quand on parle avec un jeune enfant, qui a des difficultés à se concentrer sur un argument : il crée une ouverture, une réceptivité, une mise en alerte qui le prépare à « recevoir ».

C'est pour cette raison que quand nous lui proposons : « *Qu'est-ce que tu en penses d'aller faire un tour ?* » parlons-lui aussi de nos intentions : « *Comme ça, je te ferai voir le coucher de soleil. Tu te rappelles quand l'autre jour tu m'as demandé où se trouvait le soleil la nuit ? Viens, maintenant je vais pouvoir te l'expliquer.* »

3. *Contrôlons ce qu'ils ont compris*

Mariarosa
Du haut de son mètre quatre-vingt-dix, le père regarde sévèrement Mariarosa, 2 ans, qui a mis du feutre sur son pantalon.
« Je n'approuve pas ton comportement, Mariarosa. C'est vraiment intolérable. C'est déjà le deuxième pantalon que tu abîmes… »

Les mots *approuver, comportement, intolérable* glissent sur l'enfant sans être compris, contrairement au ton utilisé par son père. C'est celui qui précède la tempête, et Mariarosa commence à pleurer. Son papa, convaincu d'avoir réussi à l'« éduquer », se retourne et s'en va. Mais son message tombé de haut, énigmatique, compassé comme celui d'un majordome, met mal à l'aise la petite fille, et n'est pas compris.

Qu'est-ce qu'il aurait pu faire ?

• Par exemple, se baisser, se mettre à la hauteur de la petite, lui prendre la main et chercher son regard. Mariarosa aurait compris que son papa avait quelque chose d'important à lui dire, et aurait écouté attentivement.

- Lui montrer ensuite les *conséquences* qu'engendrent son comportement : lui mettre sous le nez le pantalon blanc, décoré de petits bateaux multicolores, et utiliser des mots compréhensibles : *« Regarde ces taches sur ton pantalon ; maintenant, il est sale, et je ne peux plus l'utiliser. »*
- Donner à l'enfant la possibilité de réfléchir : *« Tu aimerais bien que je tache ton costume blanc que tu mets pour les jours de fête ? »*
- Parler de ses propres émotions : *« Je me suis mis en colère parce que je tenais beaucoup à ce pantalon, mais je t'aime toujours autant. »*
- Lui donner une *chance* pour la prochaine fois : *« Je vois que tu es désolée, et je suis sûr que la prochaine fois tu seras plus attentive. »*
- Enfin, la rassurer quand même par un câlin.

La petite fille ne se sent pas de cette façon *méchante,* mais elle comprend que c'est son comportement qui n'a pas été agréable. De cette manière, elle comprend les intentions de son père et le désir de changer de comportement surgit en elle. C'est ce qui s'appelle la *réciprocité.*

Sans la réciprocité, voici ce que les enfants peuvent comprendre de nos efforts pour les éduquer.

« Promets-moi de ne pas me gronder », dis-je à mon père.
« Mais je ne te gronde pas », me dit-il, « je te parle sérieusement. »
« Mais je n'aime pas quand tu me parles sérieusement. »
(Luca, 6 ans)

Pour que je ne regarde pas trop la télévision, maman reste avec moi, nous jouons et peignons sur des feuilles. Elle me fait perdre beaucoup de temps.
(Loredana, 4 ans)

Maman, pourquoi ?

Ou La transcendance

- Comment ouvrir l'esprit d'un enfant
- Faisons des liens
- Jouons au détective
- Utilisons un vocabulaire riche et varié dès les premières années de l'enfance
- L'expérience des émotions
- La qualité de l'expérience
- C'est de cette manière qu'on enseigne la pensée créative
- L'expérience des comparaisons
- « Dis-moi pourquoi… »

Martine et Sylvie
« Le matin, la machine à laver le linge, le petit-déjeuner pour les enfants, la course pour prendre le bus au vol ; ensuite, 8 heures au bureau, un autre bus, le repas. Maintenant, ça suffit », pense Martine assise devant la table de la salle à manger qui ressemble à un champ de bataille. *« Il serait temps que Sylvie apprenne à me donner un coup de main à la maison ». « Sylvie, débarrasse la table ! »* ordonne-t-elle à *l'enfant ; elle fait une pile d'assiettes plates en soupirant ; elle se prend les pieds dans le tapis et les fait toutes tomber, en éparpillant partout miettes et morceaux d'assiettes cassées.*

Absence d'intentionnalité, de réciprocité et de *transcendance*, expliquerait Feuerstein, sans pour autant avoir l'intention d'impliquer le Père éternel dans ce petit incident domestique. *Transcender* signifie, en effet, aller au-delà de la nécessité immédiate et donner un sens à ce qu'on fait. Dans ce cas, Martine ne veut pas seulement satisfaire l'exigence immédiate de débarrasser la table, mais elle ressent le besoin d'enseigner à sa fille de l'aider dans les tâches ménagères, de ranger, d'être disponible.

Pourquoi cette intention, plus que justifiée, finit-elle en désastre? Non seulement parce qu'elle n'a pas expliqué son *intentionnalité* et n'a pas vérifié la *réciprocité* de sa fille, mais aussi parce qu'elle ne lui a pas donné la possibilité d'aller au-delà de la demande : comprendre pourquoi sa maman avait besoin d'aide et comment l'enfant aurait pu dans le futur utiliser ces nouvelles habiletés.

« Écoute, Sylvie, ce soir je suis vraiment fatiguée, tu veux bien m'aider ? Maintenant, je te montre quelques 'trucs' que font les serveurs, comme ça tu pourras les utiliser quand tu inviteras tes amies. Tu prends un plateau, tu poses les verres dessus… Retire d'abord les restes des assiettes… Attention à ne pas faire de piles trop hautes. Bien, tu es devenue grande : vu que tu es si responsable, je pense que dimanche je t'enseignerai à faire le gâteau aux fraises que tu aimes tant… »

Si sa mère s'était exprimée de cette manière, il est plus que probable que le petit drame n'aurait pas eu lieu.

Pour aller vite, par paresse, fatigue ou irritation, nous tendons souvent à communiquer, donner des directives, imposer des comportements sans fournir d'explications.

Papi dit qu'il faut être bon à l'école pour le futur. Mais qui est ce futur? (Roby, 4 ans)

Le monde pour l'enfant est un ensemble compliqué d'informations quelquefois contradictoires, ou tout au moins non motivées. Souvent, nous tendons à négliger ses questions, parce que nous ne sommes pas disponibles, ou alors parce que nous pensons que l'enfant est incapable de s'y intéresser et de comprendre.

Pourtant, limiter l'horizon de l'enfant à l'immédiat crée un déséquilibre, le prive de l'*humus* dont il a besoin pour réfléchir, ré-élaborer et créer de nouveaux scénarios pour lui-même et la société dans laquelle il vit.

Comment ouvrir l'esprit d'un enfant ?

Si nous voulons mettre de l'ordre dans son esprit, lui donner une clé pour comprendre le monde qui l'entoure, rendons explicite ce que nous disons, de manière qu'il comprenne toujours le motif de nos affirmations et de nos actions.

« Maintenant j'ouvre l'eau chaude, comme ça tu n'auras pas trop froid. »
« Si j'allume la lumière, tu pourras voir comme en plein jour. »
« Il faut fermer les fenêtres, sinon, quand l'orage arrivera, le sol risque d'être mouillé. »

Et si, dans le feu de l'urgence, nous l'avons éloigné trop brutalement de la casserole d'eau bouillante qu'il allait renverser sur lui, rappelons-nous ensuite de le prendre à part, et expliquons-lui calmement que le feu non seulement brûle, mais qu'il chauffe aussi l'eau qui est à l'intérieur de la casserole.

De cette façon, l'enfant crée des connexions, comprend le rapport de cause à effet, découvre le sens des actions qui s'accomplissent et qui doivent se réaliser et relie les différents faits de sa vie en un système de rapports cohérents.

Faisons des liens

« Mange tes carottes : elles rendent la peau plus belle, et si tu te mets au soleil tu bronzes plus facilement. »
« Tu sais où poussent les carottes ? Sous la terre. Ce sont des racines, il faut creuser pour les trouver. »

Jouons au détective

Pourquoi le verre qui était sur l'étagère dans la cuisine s'est cassé ? Quelqu'un l'a fait tomber ; il a mis de l'eau bouillante dedans ; il était en train de le laver, et il lui a glissé des mains parce qu'elles étaient pleines de savon…

***Utilisons un vocabulaire riche et varié
dès les premières années de l'enfance***

« Entre celui qui possède la propriété du langage et celui qui en est privé », explique Feuerstein, « il y a la même différence qu'entre celui qui va au vestiaire et dit : « Je veux mon manteau » et celui qui demande : « *Vous pouvez me donner mon manteau ? Il est long, vert, croisé, avec des boutons en cuir.* »

Enseigner à nos enfants à utiliser avec maîtrise le langage, dans toutes ses formes d'expressions, d'intonations et de nuances, ne signifie pas seulement leur fournir un instrument essentiel pour qu'ils puissent communiquer leur pensée de manière efficace et précise.
La richesse du vocabulaire est indispensable pour développer la capacité de comparer, analyser la réalité, percevoir les différences subtiles entre des situations apparemment identiques, relier les informations de manière organique.

C'est aussi, comme l'enseigne la psychanalyse, le premier pas pour dénouer les nœuds émotifs, en attribuant un nom à nos propres sentiments.

L'expérience des émotions

Les chercheurs les plus attentifs au développement intellectuel des enfants soutiennent que la meilleure méthode pour stimuler l'intelligence est d'enrichir les expériences en émotions. Des plus simples, comme une promenade dans les bois, aux plus complexes, comme assister à un concert, aller à une exposition, être admis dans l'atelier d'un peintre, observer le modelage d'un vase au tour. Sans programmes planifiés, mais en suivant plutôt notre goût et en favorisant les curiosités et les désirs de l'enfant.

Quand j'avais 6 ans, ma mère avait trouvé trois billets pour assister à un ballet. Trois de mes sœurs devaient y aller. Deux d'entre nous devaient rester à la maison. Je demandai à ma mère de pouvoir l'accompagner

au moins jusqu'au théâtre. J'insistai. Quand nous arrivâmes au théâtre, il y avait beaucoup de monde, et les gens forcèrent l'entrée sans montrer leur billet. Nous entrâmes tous, et je réussis à trouver une bonne place. Toute ma vie commença ce jour-là.
(Rudolf Noureev, grand danseur russe)

Souvent, pris par l'angoisse de communiquer des informations à nos enfants, nous négligeons le fait que pour leur développement, il est plus important d'éprouver des émotions, de participer à des activités créatives, de rencontrer des gens. Parfois le seul fait d'avoir connu un médecin, un musicien, un peintre, un enseignant, un bon technicien, peut déclencher la détermination de vouloir les imiter.

Il faut cependant préparer l'enfant à des rencontres de ce genre : il doit comprendre que de rendre visite à un ami adulte ou rester à table avec un invité peut être pour lui un privilège et un honneur. À son tour, l'adulte doit être prévenu qu'un enfant sera présent et donc qu'une partie de la conversation et des attentions devront le concerner.
Il n'est pas nécessaire que l'invité soit une personne importante.

Il y a longtemps, durant une promenade dans un village à l'intérieur des terres ligures, mon fils Marc, 5 ans, fut fasciné par une femme âgée de 99 ans, vêtue de noir et appuyée contre le mur de son jardin. Il s'arrêta pour discuter avec elle, la bombardant de questions. Cette rencontre a été fondamentale. C'est comme s'il avait compris quelque chose à propos de concepts qui jusqu'alors lui étaient restés inaccessibles : le temps qui passe, la valeur de la sagesse, le mystère de la vie. (La maman de Marc)

La qualité de l'expérience

Yehudi Menuhin, enfant prodige stupéfiant, devenu par la suite un des plus grands virtuoses de violon qui n'ait jamais existé, rompit à l'âge de 3 ans un violon, jouet que ses parents lui avaient offert. « Il ne chante pas », commenta-t-il.

Souvent nous faisons la même erreur avec nos enfants que les parents de Yehudi. « *Ce n'est encore qu'un enfant* », nous disons-nous, et nous leur mettons dans les mains de mauvaises imitations d'objets réels : flûtes sans sonorité, livres bêtement enfantins, cassettes de musique inaudible, mais que nous pensons plus adaptés à leur âge.

Un jour, Marc Chagall, un des plus grands peintres du XXe siècle, accompagna son petit-fils à la librairie pour lui acheter un livre sur les animaux. Le vieux peintre voulait choisir une collection élégante avec des reproductions d'illustrations d'Albrecht Dürer.
« Ça ne vaut pas la peine », intervint sa mère, « il va tout de suite l'abîmer. » Il acheta un album de dessins à colorier.
Arrivé à la maison, Chagall proposa à son petit-fils de se mettre à table. Au moment de manger le fruit, il choisit la pomme la plus petite et la plus abîmée, et la mit sous le nez de son petit-fils.
Il vit le visage de sa mère un peu contrarié. « C'est seulement un enfant », commenta alors ironiquement Chagall.

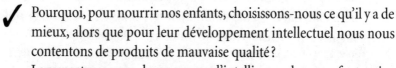

Pourquoi, pour nourrir nos enfants, choisissons-nous ce qu'il y a de mieux, alors que pour leur développement intellectuel nous nous contentons de produits de mauvaise qualité ?
Le respect que nous devons envers l'intelligence de nos enfants exige en revanche qu'ils soient mis en contact avec ce qu'il y a de mieux que l'humanité ait créé, parce que leur première impression influencera le développement futur de leur goût et de leur talent.

C'est de cette manière qu'on enseigne la pensée créative

Dans son livre *L'apprentissage de l'abstraction,* Britt-Mari Barth, professeure de psychologie en France, raconte comment il est possible d'apprendre à voir le monde avec un autre regard. Et pour ce faire, elle nous rend compte d'une expérience qui s'est déroulée dans la classe d'une école élémentaire.

L'expérience des comparaisons
La maîtresse donne aux enfants un travail à faire qui consiste à comparer la ville avec la campagne.

• Sur les 30 élèves, un enfant seulement, Charles, ne réussit pas à établir de comparaisons et se limite à donner des affirmations sur l'un des termes même de la comparaison à établir : « *La campagne est tranquille* », écrit-il, ou encore : « *La campagne est différente de la ville* ».
• La grande majorité de la classe, 27 enfants sur 30, se limite à ce qu'on pourrait appeler *le premier niveau du processus comparatif*. Ils se contentent de dresser la liste de situations différentes, sans faire d'effort pour les comparer directement.

À la campagne, on habite dans des fermes. Les enfants vont à l'école à pied, il n'y a pas de métro. Il y a de nombreux champs, beaucoup de vaches et beaucoup de bouses de vaches. En ville, on va au cinéma, il y a des embouteillages dans les rues, des grands magasins. Il y a le métro et les autobus... (Jules)

• Quelquefois, dans la même phrase, ils comparent deux situations qui n'ont pas de lien entre elles :

En ville, il y a des embouteillages dans les rues. À la campagne, il y a des fermes. (Marthe)

• Certains enfants font des affirmations par catégorie sans entrer dans les détails :

Les maisons sont différentes entre la ville et la campagne.
Les distractions ne sont pas les mêmes.
À la campagne, c'est plus vert qu'en ville.

• Un autre enfant donne des exemples concrets :

En ville, tout est plus accessible. Moi, je connais des amis qui habitent à la campagne et ils doivent faire à chaque fois 20 km pour aller à l'école et leur papa fait 100 km pour se rendre au travail. Moi, je vais à l'école en deux minutes, et mon papa prend le métro pour aller au travail. (Jean)

• Seule une petite fille réussit à établir une comparaison complexe : elle met en relation des exemples pris dans une même catégorie, le *bruit,* et en fait ressortir les *ressemblances* et les *différences* :

Du point de vue du bruit, la ville est très différente de la campagne. En ville, il y a trop de bruit : le klaxon des voitures, les sirènes de la police, le vroum vroum des scooters interrompent la tranquillité. À la campagne, tout est beaucoup plus calme : on entend le chant des oiseaux, les cloches des églises et l'eau des torrents. (Charlotte)

En se basant sur les réponses des enfants, la maîtresse prépare un programme pour permettre aux enfants de développer leurs capacités à faire des comparaisons.

• Cette fois, elle choisit une situation différente : *mer-montagne.* Sur le tableau, elle dresse la liste pêle-mêle, au fur et à mesure que les enfants interviennent, des différences et des ressemblances. Commence ensuite la discussion afin de regrouper les éléments qui peuvent être classifiés dans la même catégorie, comme la *végétation.*
Tandis que chaque enfant réussit séparément à individualiser trois ou quatre catégories, on arrive à en définir dix avec le même travail accompli collectivement. Pour le couple *mer-montagne,* les catégories énumérées sont : paysage, animaux, habitations, flore, sport, moyens de transport, vêtements, matériaux, métiers, climat...
Le même travail est effectué par la suite pour d'autres couples de mots, comme *été-hiver, travail-temps libre, jour-nuit,* en essayant de comprendre si l'on peut avoir recourt aux mêmes catégories utilisées précédemment.
La catégorie *végétation,* par exemple, peut être appliquée aussi bien au couple *été-hiver* qu'à celui de *mer-montagne.*
À travers la discussion collective, les enfants sont invités à réfléchir sur comment ils ont réussi à trouver les différentes catégories pour

que la méthode ne soit pas utilisée qu'une seule fois, mais fasse partie de leur propre bagage d'analyse de la réalité.

• Après deux mois de cours de ce genre, les enfants sont soumis une nouvelle fois à un test identique au premier : les 30 élèves utilisent des *comparaisons complexes*, en indiquant les différentes catégories qui permettent de confronter les deux réalités, et sont capables de mettre en lumière les ressemblances et les différences. C'est un résultat surprenant, qui démontre comment la perception, et la capacité de comparer, une des manifestations les plus importantes, peut *s'apprendre*, en intériorisant un schéma d'analyse de la réalité.

Comme l'observe Britt-Mari Barth, à travers cette méthode on acquiert *fluidité, flexibilité, originalité*. La pensée devient :

• *fluide*, parce qu'elle est capable de décrire la réalité en adhérant à tous ses aspects ;
• *flexible*, puisqu'elle examine un objet à travers des points de vue différents et a la capacité de ne pas se fixer sur un seul aspect de la réalité. Par conséquent, la personne jouit d'une plus grande liberté de choix et devient plus tolérante, puisqu'elle est capable de s'identifier aux points de vue des autres ;
• *originale*, parce qu'elle peut choisir à partir d'un patrimoine riche en stimuli.

Fluidité, flexibilité, et *originalité* sont les trois éléments constituants de la créativité. Il est donc vrai que la créativité peut être, dans une certaine mesure, enseignée et apprise.

«*Dis-moi pourquoi…*»

Banane ou poire ?
Luca, 6 ans, se lève du lit, et les paupières à moitié ouvertes regarde autour de lui pour ne pas se prendre les pieds dans quelque chose, entre

dans la cuisine, et se laisse tomber sur une chaise. « Banane ou poire ? » *lui demande sa mère, qui est en train de préparer le petit-déjeuner.*
« *Banane.* »
Luca mange la banane et s'en va.

Essayons de « tourner la même scène » en introduisant une variante.

« *Banane ou poire ?* » *demande la maman à Luca.*
« *Banane.* »
« *Pourquoi une banane ?* » *lui demande alors sa mère, tandis qu'elle lui met sous les yeux un magnifique fruit.*
« *Comme ça…* »
« *Tu préfères la banane ?* »
« *Oui.* »
« *Et pourquoi ?* »
« *Parce que.* »
« *Faisons un jeu. Tu dis une chose, et moi j'en dis une autre. Moi, j'aime bien la banane parce qu'elle fond dans la bouche…* »
« *Elle est plus douce.* »
« *Ensuite ?* »
« *Allez, maman !* »
« *Elle est facile à éplucher.* »
« *Elle est longue* », *ajoute Luca, en mordant dedans.*
« *Elle vient d'Afrique…* »
« *Elle est moelleuse…* »
« *Ils l'amènent par bateau.* »
« *Il y a la glace à la banane.* »
« *Les singes en mangent.* »
« *Elle est marrante…* »
« *C'est vrai, pourquoi on ne lui mettrait pas un petit chapeau ?* »

La maman prend une autre banane, et met à l'une des extrémités du fruit une tasse à café à la manière d'un chapeau melon.

Les psychologues soutiennent qu'apprendre à percevoir le monde qui nous entoure est une condition nécessaire au développement de l'intelligence…

Chaque jour, nos enfants font des choix. Si nous leur demandons ce qui les motive, la plupart des fois la seule réponse que nous réussissons à leur arracher est : « *Parce que c'est comme ça*. » Dans le meilleur des cas, ils réussissent à nous donner un seul argument.
Invitons-les en revanche à donner une motivation qui justifie leurs décisions. Nous pouvons pour cela suivre deux routes.

1. Stimulons leur capacité d'observation.
2. Entraînons-les à réfléchir aux mécanismes qu'ils ont utilisés pour arriver à une décision. Mettons en marche ce que les psychologues appellent la *métacognition* : réussir à *regarder de l'extérieur* ce qui est dit et pensé, à donner un nom aux catégories qui ont été utilisées pour décrire l'objet, à stabiliser une grille qui puisse être appliquée à toutes les occasions.

Ce travail d'autoréflexion est de grande importance si nous voulons transformer un résultat, qui souvent est le fruit d'un effort occasionnel, en un instrument d'analyse de la réalité, applicable à n'importe quelle situation.

Le dialogue que la mère réussit à arracher à Luca constitue un bon exemple.
Avant tout, elle veut connaître les raisons qui le poussent à préférer la banane à la poire. Elle n'accepte pas le refus de parler de l'enfant, et elle l'entraîne, avec un jeu, à donner une explication, même simple.
« *C'est plus doux* », dit Luca, et, s'agissant de nourriture, il a recours justement à une explication qui implique le sens du *goût*.
« *Plus doux* » est significatif de ce point de vue-là. Ce *plus* signifie qu'il a fait une comparaison, même simple, entre le goût de la banane et celui de la poire.

Comparaisons, classifications & Cie.

« Qu'est-ce qu'un chat ? »

Selon les classifications auxquelles nous sommes habitués, on peut répondre de plusieurs manières à cette question.

- Un animal
- Un quadrupède
- Un félin
- Un carnivore
- Un mammifère

Mais si nous posons la même question à quelqu'un de très différent de nous, par exemple à un Chinois, les réponses peuvent être complètement différentes.

- Le chat est nourriture (tout ce qui bouge est nourriture).
- De loin, il ressemble à une mouche.
- Avec sa queue on peut faire des pinceaux.
- C'était un animal cher à l'empereur…

Notre vision du monde est conditionnée, donc, par les classifications que nous connaissons.

Pour nous aider à structurer nos observations et à en tirer toutes les observations possibles, les psychologues de la métacognition suggèrent d'appliquer consciemment à n'importe quel objet, personne ou événement, une grille de caractéristiques.

Les caractéristiques physiques

Entre toutes, les caractéristiques physiques sont les plus simples. Nous en faisons ici une liste partielle.

- Brillance
- Couleur
- Consistance
- Densité
- Forme
- Largeur
- Longueur

- Saveur
- Épaisseur
- Superficie
- Température
- Volume

Les caractéristiques non observables

Elles sont plus difficiles à individualiser.
Pour pouvoir les trouver, il est nécessaire de se poser les bonnes questions.

- Qu'est-ce que c'est ?
- Où il va ?
- D'où vient-il ?
- Quand… ?
- Pourquoi… ?
- À quoi cela sert-il ?
- À quoi cela pourrait-il servir ?
- En quoi cela est-il ressemblant à… ?
- En quoi cela est-il différent de… ?

« *C'est moelleux* », ajoute l'enfant, recourant au sens du *toucher*.
La description des sensations sensorielles aurait pu aller au-delà : la banane est jaune (*vue*), elle a un bon parfum (*olfactif*), en tombant par terre elle fait peu de bruit (*ouïe*). « *Elle est facile à éplucher* », dit la maman, introduisant un concept qui n'est pas immédiatement lié à une perception sensorielle.
Pour donner envie de continuer à Luca, sa maman relie la banane à son lieu d'origine : « *Elle vient d'Afrique…* », « *Ils l'amènent par bateau* », établissant une *séquence* d'actions. Enfin, l'enfant exprime une émotion : « *Elle est marrante* », donnant l'idée à sa maman de mettre un chapeau à la banane.
Luca entre dans le jeu, et comprend tout de suite qu'il peut sortir de la simple description. Il porte un nouveau regard à la banane, il ne la voit plus comme un fruit à manger, mais comme un objet à la forme insolite : « *Elle est marrante* », dit-il, et là sa maman est prête à conclure le jeu de manière surréelle.

Sur la banane avec le chapeau, on aurait pu continuer en construisant une petite histoire : la banane, tout élégante, qui rencontre la poire, assise dans un coin de la rue, blanche, rouge et bavarde. Les deux se lient d'amitié, et s'en vont se promener dans la ville, jusqu'au moment où une dame les attrape et les ajoute à une salade de fruits pour ses enfants.

✓ L'histoire utilise les émotions, en introduisant un facteur fondamental pour le développement de l'intelligence.
En colorant d'émotions l'expérience cognitive de l'enfant, on complète la gamme des stimulations possibles qui peuvent se présenter à la vue d'un objet.

Ne pose pas le pain à l'envers !

Ou La transmission du sens

• La connexion entre présent, passé et futur
• Les rites qui permettent d'apprendre
• Apprenons-leur à demander
• « Maman, qu'est-ce que c'est ? »
• Jouons à raisonner ensemble
« Papa, d'où vient la pluie ? »
« Pourquoi mes bateaux en papier coulent ? »

Dans les sociétés traditionnelles chaque geste, chaque projet, chaque événement était « coloré » de significations émotives, symboliques ou religieuses. La vie quotidienne se plaçait à l'intérieur d'une dimension historique, mise en perspective, enrichie de résonances liées aux émotions.

Prenons un exemple proche de nos traditions. Dans de nombreuses régions italiennes, la miche de pain ne se pose jamais à l'envers sur la table. On dit que « Ça porte malheur. »
Cela peut sembler un geste superstitieux, et c'en est peut-être un, mais c'est aussi l'occasion de se rappeler à soi-même et à l'enfant que le pain n'est pas simplement un aliment. Il est le fruit d'un effort, le résultat d'un métier qui demande une grande habileté ; il doit être respecté, parce qu'il est le symbole d'un travail que les adultes affrontent chaque jour pour garantir la croissance et la sérénité de leurs enfants.
Attribuer une valeur symbolique aux gestes de chaque jour possède une force éducative extraordinaire, beaucoup plus éloquente que n'importe quel discours, réprimande ou sermon. En répétant le geste, on se rappelle de sa signification, et inconsciemment, on assimile une attitude qui n'est pas superficielle envers la réalité.

La connexion entre présent, passé et futur

Avant, il y avait les traditions, les rites, les fêtes, les célébrations collectives à transmettre comme modèles culturels même à ceux qui n'avaient pas les moyens pour se les procurer de manière autonome. Aujourd'hui, en revanche, on vit au présent. Ce qui compte c'est l'*instant présent* : il vaut mieux oublier ce qui s'est passé hier, et ne pas penser à ce qui pourrait arriver demain.

La réalité, qui par définition devrait être solide et concrète, est appelée *virtuelle* : elle pourrait être, mais *n'est pas réellement*, parce qu'elle peut se modifier par un « clic » de la télécommande, ou peut être aussi éliminée en la jetant dans la corbeille (virtuelle elle aussi).

Quand les Éthiopiens arrivés en Israël au début des années 90, trouvèrent des réfrigérateurs, ils mirent dedans des vêtements : ils pensaient qu'il s'agissait d'armoires. Il manquait dans leur *expérience* les connexions entre étagères, froid, électricité et conservation de la nourriture.

Les enfants aussi manquent d'*expérience* : les liens qui nous apparaissent à nous évidents sont pour eux incompréhensibles, et c'est pour cela que nous, nous devons leur proposer des connexions entre le présent, le futur et le passé.

Il y a un siècle, le philosophe français Henry Bergson écrivait : « Plus la corde de l'arc est tendue vers l'arrière, plus la distance que la flèche parcourra sera grande », pour souligner l'importance de lier le présent avec le passé si l'on veut faire des progrès. Cela explique la relative facilité avec laquelle les Éthiopiens, analphabètes et restés isolés pendant des siècles du reste du monde, se sont par la suite insérés dans la société israélienne : leur communauté avait conservé intactes les valeurs et les coutumes traditionnelles, en réussissant donc à maintenir une grille d'interprétations de la réalité, qui a pu ensuite s'adapter facilement à la nouvelle situation.

En se basant sur ces résultats, Larry W. Emerson, un Peau-Rouge Navajo, a pensé qu'il devait appliquer à son peuple les principes de Feuerstein, dans le but de préserver les traditions et, en même temps, de lui donner la possibilité de jouer un rôle actif dans la société américaine.

Les rites qui permettent d'apprendre

Dans une société libérée des références traditionnelles, c'est à nous de transmettre aux enfants des valeurs, de créer des attentes, de susciter des émotions, et même d'inventer, quand il n'y en a pas, des rites familiaux, comme les histoires avant de dormir, les fêtes d'anniversaire, se rendre sur la tombe des grands-parents, le repas festif hebdomadaire, la journée de la solidarité, le rite de l'hospitalité.
Howard Sharron écrit dans son livre *La révolution dans les méthodes d'enseignement* : « L'origine des difficultés d'apprentissage réside souvent dans la pauvreté des émotions que les parents et les enfants vivent ensemble. »

L'influence des valeurs émotives sur le développement de l'intelligence est désormais reconnue par les chercheurs les plus attentifs.
« Nous n'apprenons pas seulement à travers de simples associations », observe Alberto Oliviero dans son livre *L'art d'apprendre* : « Toute expérience, en effet, implique l'esprit, les émotions et le *je* de celui qui la vit. Et plus l'environnement quotidien est stimulant, plus notre esprit est capable d'accomplir des associations créatives et de procéder par intuitions. »
Si, en revanche, nous renonçons aussi aux petites cérémonies de la vie quotidienne, si nous « traînons » derrière nous nos enfants apparemment sans raison, si nous imposons des restrictions sans en expliquer les motifs, si nous n'instillons pas dans nos enfants la capacité de s'imaginer le futur ou d'exprimer avec précision les informations qu'ils reçoivent, nous perdons de précieuses occasions de développer en eux les capacités intellectuelles.

✓ L'enfant ne connaît pas le monde à travers des *concepts* comme l'adulte, mais à travers *les émotions* et *l'affectivité*. Pour lui faire comprendre une idée, pour le faire progresser, il faut savoir susciter en lui ces sensations positives. Il sera plus facile qu'il comprenne la lumière et l'obscurité en regardant les bougies de l'arbre de Noël et en sentant la joie du moment, qu'en écoutant nos explications.

Il ne suffit pas d'enseigner, il faut faire *sentir* les choses. Et les personnes idéales pour le faire sont les parents et les enseignants, bien plus que les spécialistes.

Apprenons-leur à demander

« Papa, pourquoi tu aimes bien ce vieux stylo-plume ? »
Le père de François tient beaucoup à son vieux stylo-plume : quand il écrit quelque chose d'important, plutôt que d'utiliser un autre stylo, il préfère parcourir la ville de long en large pour acheter une plume de rechange.
« Papa, pourquoi tu aimes autant ce stylo ? » lui demande François.
Son papa prend l'enfant dans ses bras, lui fait observer le stylo-plume, la couleur moirée du bouchon, le petit réservoir à encre, la plume en or où il est incisé le numéro qui indique la taille. Et il commence à lui parler de son grand-père, qui aimait entendre le grattement du stylo-plume sur la feuille, et qui avait continué à écrire avec le même stylo malgré l'invention du stylo à bille. Il lui raconte que quand il était petit, il rêvait qu'un jour lorsqu'il serait grand il utiliserait à son tour ce stylo-plume…

Parfois nous sommes attachés à un objet parce qu'il nous a été offert, ou parce que c'est un souvenir ou encore un symbole, plus que par l'usage que nous en faisons. Raconter son histoire aux enfants nous offre l'occasion de parler de nous et de créer un *rapport d'intimité*, fondamental pour faire comprendre combien les sentiments sont importants.
Faire participer nos enfants aux significations culturelles, symboliques, affectives des objets qui nous entourent revêt une grande importance pour différentes raisons.

1. L'enfant développe une tendance à rechercher la signification des choses, à donner un sens à ce qu'il fait. Il ne demandera pas seulement :
« *Qu'est-ce que c'est ?* »

Mais aussi :
« *Qu'est-ce que cela veut dire ?* »
« *À qui appartient-il ?* »
« *Tu l'aimes bien ?* »
« *D'où vient-il ?* »

2. Dans l'effort de donner une signification à un objet, l'enfant développe la capacité de s'exprimer verbalement et de manifester ses propres émotions.

3. L'enfant développe sa capacité d'abstraction. Pris par le récit, François est transporté par son imagination dans des temps lointains, quand les stylos à bille n'existaient pas, revoyant son grand-père assis au bureau. Il recompose ainsi la réalité de manière différente de celle qu'il connaît, et accomplit ses premiers pas dans le domaine de l'abstraction.

✓ C'est pour cela que, quand nous communiquons avec un enfant, il est important d'illustrer notre discours par des adjectifs qui expriment notre jugement et nos émotions : *beau, laid, joyeux, triste, formidable, intéressant.* Les adjectifs, les expériences, les phénomènes qui nous entourent ont une signification émotive, affective, sociale, culturelle, religieuse ou symbolique. Il n'existe pas d'expériences, d'objets, d'événements neutres : ils sont tous chargés de sens. Un mariage, une fête populaire sur la place publique, un concert sont, pour l'enfant, des occasions de grand enrichissement. Mais aussi les simples rites familiaux, comme mettre des fleurs devant la photo du grand-père, ou encore utiliser la plus belle nappe pour un repas de fête, sollicitent l'expression de l'affectivité, suscitent des émotions, développent des relations sociales.

La médiation du sens répond à une question : « Pourquoi ? » Il ne s'agit pas seulement d'expliquer le sens qu'ont pour nous nos actions, mais d'aider l'enfant à trouver un sens pour lui-même, de façon qu'il intériorise *l'exigence de donner un sens* aux choses qu'il fait.

Parfois, essayons de lui demander :
« *Moi, je crois que c'est bien de faire comme ça, et toi, qu'en penses-tu ?* »
Ou bien, encore :
« *À quoi d'autre cela pourrait-il servir ?* »
« *Tu te souviens pourquoi tu as tant aimé ce film ?* »

✓ « Nos messages contiennent toujours une signification », note le psychologue Jacques Salavis, qui a dirigé pendant des années les cours de formation du programme de Feuerstein. « C'est pour cela qu'il est important d'être conscients du sens que nous donnons aux choses, et d'avoir une éthique. Autrement, on fait des erreurs par cécité, par manque de conscience, par irresponsabilité ou même volontairement, si l'on veut, par exemple, enseigner des valeurs destructives. »

« *Maman, qu'est-ce que c'est ?* »

André, 2 ans, est à la fenêtre. Il entend le roucoulement d'un pigeon, et demande :
« *Maman, qu'est-ce que c'est ?* »
Les réponses peuvent être variées.

1. « *Maman est occupée pour le moment et je n'ai pas le temps.* »
2. « *C'est un* cui-cui, *trésor.* »
3. « *C'est un oiseau.* »
4. « *C'est un oiseau, un pigeon. Un volatile de la famille des colombes.* »
5. « *Voyons un peu si l'on réussit à le découvrir ensemble. D'où vient ce bruit ? Tu vois, c'est un oiseau, un pigeon. Tu sais qu'une fois le courrier était apporté par des pigeons voyageurs ?* »

• « *Maman est occupée.* » Parfois nous sommes tellement fatigués que nous sommes très peu disponibles, même si prononcer ces phrases ne demandent pas moins de temps que de dire : « *C'est un oiseau* », réponse correcte, mais très sèche.

• D'autres fois, à entendre la voix de notre enfant, nous sommes pris par un sentiment de tendresse, par le désir irrationnel, irrésistiblement séduisant qu'il reste toujours petit : sans défense et totalement dépendant de nous. Alors, l'oiseau est un *cui-cui,* comme la voiture est une *vroum-vroum.* Nous satisfaisons notre besoin émotif, mais nous lui communiquons une information déformée, limitée.

• Au contraire, il y a ceux qui ouvrent l'encyclopédie et commence à décrire les noms de tous les oiseaux et des familles auxquels ils appartiennent.

Rêves, peurs, irritations, fatigue interfèrent dans l'éducation de nos enfants. Mais quand nous pouvons leur consacrer du temps, cela vaut la peine de faire un effort conscient pour leur transmettre ce dont ils ont besoin.

• Il est important de raconter qu'il existe plusieurs types d'oiseaux, avec des noms différents. Pour se faire une idée abstraite de l'*oiseau* l'enfant doit, en effet, acquérir le concept que ces « choses avec des pattes et des ailes » sont tous des oiseaux, même s'ils ne sont pas tous de la même taille, s'ils n'ont pas tous la même forme et les mêmes couleurs. De cette manière, l'enfant commence à développer aussi le concept de *classification* : dans la famille des oiseaux, il existe différents types.

• Lui imposer des classifications déjà existantes et définies, en lui parlant des colombidés, ne développe pas chez lui la fantaisie : cela consolide le schéma mental déjà préconstitué. C'est comme si on habillait nos enfants avec les pantalons des adultes en les adaptant à leur taille.

• Nous pouvons, en revanche, leur proposer d'en savoir un peu plus sur l'un des nombreux animaux avec des pattes, des ailes, sur les pigeons... les pigeons voyageurs, en lui laissant cependant la liberté de s'interroger ou d'être satisfait de la réponse reçue.

• Quand c'est possible, offrons-leur la possibilité de parcourir le long chemin de la pensée qui peut les amener loin, et qui les aide à

effleurer des concepts comme la *distance, la rapidité, la direction, le vent, le courrier, le téléphone…*
Chaque situation, chaque objet peut devenir ainsi une scène dans laquelle les personnages d'une fable interminable et merveilleuse, vivent.

✓ « *Qu'est-ce que c'est ?* », « *C'est une chaussure* », répondons-nous. Mais cela ne suffit pas. Contrairement à ce qu'on pourrait croire, une bonne réponse ne doit pas être exhaustive, mais « être une réponse qui peut stimuler une autre question » comme l'explique Feuerstein.
Nous pouvons alors ajouter des détails : *« Cela sert à marcher, à courir ; demain on ira courir dans les champs ? »*
C'est l'enfant qui décidera s'il doit se contenter ou poser des questions sur ce que signifie courir, les champs, et demain.

Jouons à raisonner ensemble

« *Papa, d'où vient la pluie ?* »

Au lieu de…
« *Elle vient des nuages qui se forment grâce à la condensation de la vapeur…* »
Nous nous hâtons de donner une solution scientifique trop exhaustive. Mais si nous répondons avec une explication préfabriquée, nous retirons aux enfants le goût de la recherche et de la découverte.

… essayons plutôt
« *Essayons d'y réfléchir ensemble. Viens avec moi à la fenêtre, que nous regardions tous les deux les nuages.* »
Partageons la curiosité de l'enfant et laissons-lui le temps de raisonner, en lui faisant voir que nous avons confiance en lui.

« Pourquoi mes petits bateaux en papier coulent ? »

Au lieu de...
« Parce que le papier est un matériau absorbant : il se gonfle d'eau, et s'alourdit. »
Nous lui fournissons une explication complète, sans lui laisser l'espace qui lui permettrait d'arriver seul à la conclusion.

... essayons plutôt
« Le papier ne flotte pas longtemps. Tu te souviens du journal tombé dans le lavabo ? »
Montrons du respect pour ses efforts, et donnons-lui le temps et la possibilité de mettre à l'épreuve sa propre intelligence.

3 x 2 = 5 !
Ou La transmission du sens de compétence

- Charlie Brown amuse, mais il n'enseigne pas
- Comment faire pour que nos enfants aient confiance dans leurs capacités
- Créons les conditions du succès
- Écoutons ses raisons
- Donnons une interprétation aux succès et aux échecs
- Comment corriger ses erreurs ?
- Quand il ne se trompe pas

> *J'ai promis à ma grand-mère de ne pas dire à tout le monde qu'une fois, au centre social où elle apprend le cha-cha-cha, son professeur lui a dit : « Madame est raide comme un ballet quand elle danse ; vous ne pouvez pas vous relâcher un peu ? »* (Diego, 5 ans)

> *J'ai dit à mon petit frère : « Idiot, stupide, crétin », mais comme lui il ne comprend rien, il a continué à faire un signe de la main pour me saluer.*
> (Frédéric, 5 ans)

Paradoxalement, dans la majeure partie des cas, les enfants et les adultes ont une mauvaise opinion d'eux-mêmes, non pas parce qu'il n'y a pas de médiateur, mais au contraire parce que les professeurs, les parents, les vieilles tantes, les frères, instructeurs, etc., tous ceux qui, d'une manière ou d'une autre, peuvent enseigner quelque chose transmettent souvent le manque de confiance en soi et le sens de l'incompétence. Voici un exemple éloquent raconté par Reuven Feuerstein.

La compétence favorise l'autonomie
Il y a des années de cela, quand je commençai à examiner le travail attribué aux jeunes atteints de trisomie 21 prêts à entreprendre une vie presque indépendante, je me rendis compte qu'on ne leur avait pas

enseigné à allumer le four avec une allumette. « C'est dangereux », m'a-t-on répondu, « ils ne savent pas tenir une allumette sans se brûler les doigts, et ils ne savent pas comment l'éteindre, parce que leurs lèvres n'ont pas la force musculaire suffisante pour produire un souffle efficace. »
Je leur enseignai alors comment tenir les allumettes avec la flamme vers le haut et comment l'éteindre en secouant la main. Mes élèves n'en croyèrent pas leurs yeux, et éclatèrent de joie. Ils avaient appris sans effort une nouvelle habileté et réalisé un pas important vers un style de vie indépendant sans avoir besoin de l'assistance des autres.
« Comment je ferai pour vivre tout seul », se seront-ils demandé, « si j'ai besoin de quelqu'un quand je suis seul pour allumer une allumette ? »
Il suffit de leur enseigner deux simples mouvements pour résoudre un problème qui semblait insurmontable, et inspirer un sens de compétence fondamental pour leur autonomie.

Une étude de 1972, désormais historique, du psychologue américain Robert Rosenthal démontre à quel point la confiance (ou le manque de confiance) que nous témoignons à nos enfants conditionne leur mode d'être, comme une prophétie qui se réalise.

L'étude de Rosenthal
Dans une école élémentaire, on communiqua aux maîtresses que les élèves auraient été soumis à un test d'intelligence pour repérer les enfants les plus doués. Les chercheurs fournirent ensuite aux enseignants une série de noms au hasard : en fait, entre les enfants définis comme étant « doués » et les autres, il n'y avait aucune différence concrète, si ce n'est celle qui s'était créée dans la tête des maîtresses. À la fin de l'année, tous les élèves indiqués comme étant « doués » par les chercheurs obtinrent des résultats bien au-dessus de la moyenne, et en plus les maîtresses avaient la conviction qu'ils étaient particulièrement brillants.

Apprendre à avoir *confiance dans ses propres ressources* fait partie de l'hérédité la plus précieuse que nous pouvons laisser à nos enfants. Ce qui distingue une personne réalisée d'une personne qui n'a pas réussi à s'affirmer, soutiennent tous les psychologues, ce n'est pas seulement la capacité de résoudre les problèmes, la créativité, la sympathie, la compétence : ce sont tous des dons importants, mais cela ne suffit pas.

La qualité discriminante est la confiance intérieure, la conviction que, même conscient de ses propres limites, on est profondément sûr d'y arriver.

Charlie Brown amuse, mais il n'enseigne pas

Par son manque d'assurance, Charlie Brown, le personnage mythique de Charles M. Schultz, a amusé des générations entières, en suscitant la sympathie de tous.

« Mais il ne représente certainement pas un exemple à suivre pour réussir à l'école ou dans la vie », soutient une enquête de l'Institut de psychologie du Conseil national des recherches de Rome, qui explique le « secret » pour arriver au succès.

Selon la recherche du CNR, conduite en 2001 sur 1800 élèves de collèges et lycées, d'âges compris entre 11 et 19 ans, le véritable secret pour réussir dans la vie c'est l'*auto-estime*. Patrizia Vermigli, coordinatrice de la recherche, explique : « Un jeune qui croit en lui est optimiste, confiant dans ses propres possibilités, et affronte aussi les expériences négatives avec une incroyable sérénité ; il sera capable d'exploiter pleinement cette tendance innée à l'autocroissance, qui est en nous tous et qui nous aide à vivre de façon la plus sereine et la plus harmonieuse possible. »

Qui sont ces jeunes ? Phénomènes de la nature dotés de vertus et de dons particuliers ?

La réponse est : « Non. Il s'agit seulement de personnes qui, tout en ayant des carences, essaient de ne pas être hypercritiques vis-à-vis d'eux-mêmes, mais au contraire, ils font des efforts pour s'améliorer et valoriser au maximum leurs propres aspects positifs. »

En outre, on peut lire aussi dans la recherche : « Le principal facteur qui peut aider les jeunes à acquérir de l'assurance et à se valoriser est sans aucun doute le soutien positif des parents et des éducateurs : l'enfant a besoin de se sentir estimé, et doit percevoir que les uns

et les autres ont confiance dans ses potentialités. Quand il sera plus grand, et seulement à ce moment-là, ce seront les capacités mêmes, et donc les facteurs personnels et chacune des habiletés objectives, qui l'aideront à consolider l'estime de soi. »
En se basant sur les résultats obtenus par l'enquête, on se rend compte qu'il y a encore beaucoup de travail à faire.
Seule une part limitée de l'échantillon (11 %) possède, en effet, une forte auto-estime par rapport à leurs propres capacités.

Comment faire pour que nos enfants aient confiance dans leurs capacités

Il y a trois possibilités, toutes aussi importantes les unes que les autres.
1. Créer les conditions pour que l'enfant puisse faire l'expérience du *succès*.
2. Écouter ses *raisons*.
3. Donner une *interprétation* aux succès et aux échecs.

1. Créons les conditions du succès

Dans une expérience restée célèbre dans l'histoire de la psychologie, des personnes de même niveau intellectuel et culturel ont été divisées en deux groupes. On a ensuite donné à chacun des deux groupes un test identique, sauf pour un détail : pour le premier groupe la séquence des questions allait *des plus faciles aux plus difficiles,* et pour le deuxième *des plus difficiles aux plus faciles.*
À la fin, le premier groupe, qui devait commencer par les questions les plus faciles, a totalisé un score beaucoup plus élevé que le second. Comment expliquer une telle différence parmi des individus de même niveau ?
C'est simple. Les personnes qui se sont « confrontées » à des questions difficiles ont été découragées : elles n'ont pas obtenu de gratification immédiate qui leur aurait permis de se sentir compétentes, elles ont pensé qu'elles n'étaient pas à la hauteur de la tâche et, par conséquent, ont obtenu un moins bon résultat.

Au lieu de...
« *Laisse-moi faire, mon petit : tu n'es pas capable de nouer les lacets de tes chaussures.* »
Parfois nous avons peur que l'enfant ne se sente pas à l'aise face aux difficultés. Mais en nous exprimant de cette manière, nous lui démontrons que nous n'avons pas confiance dans sa capacité à s'améliorer, en lui retirant l'initiative et en compromettant la possibilité d'arriver de manière autonome à ses objectifs.

... essayons plutôt
« *Il faut certainement du temps pour apprendre à faire une boucle ; c'est difficile. Commençons par le premier nœud...* »
Ce type de considération fait sentir à l'enfant que nous nous rendons compte de ses efforts et que nous ne minimisons pas ses difficultés. Sans nous montrer impatients, nous lui démontrons en outre que pour nous, il n'est pas essentiel qu'il obtienne immédiatement un résultat.

Au lieu de...
« *Allez, je vais te montrer moi comment il faut faire pour colorier.* »
En parlant de la sorte, nous intervenons avec force, sans permettre à l'enfant de trouver par lui-même une solution au problème. L'enfant se sent incapable et sous-évalué.

... essayons plutôt
« *Certes, c'est difficile de colorier des dessins sans sortir des traits. Qu'est-ce que tu en penses de commencer par colorier près des traits ?* »
Nous faisons voir que nous prenons en compte les difficultés de l'enfant, même si nous lui suggérons une idée, en lui laissant la liberté de choisir de l'utiliser ou non. Cette attitude renforce ses capacités de prendre des décisions autonomes.

2. Écoutons ses raisons

Face à un enfant en difficulté, nous avons l'habitude de réagir pour tenter de le faire réagir. Nous n'acceptons pas ses états d'âme «défaitistes», au contraire, l'impulsion qui est en nous de nier et de critiquer l'enfant ou dans le meilleur des cas, de le consoler, se déclenche.

« Tu ne peux pas être fatigué, tu viens de te réveiller ! »
« Ne sois pas triste, il n'y a pas de raison… »
« Pourquoi dois-tu te mettre en colère de cette manière ? »
« Allez, ce n'est rien ! »
« Pourquoi être aussi désespéré, ce n'est qu'un jeu ! »
« Il est inutile de dire que tu n'es pas capable, c'est facile d'ouvrir cette boîte. »
« Il n'y a pas à avoir peur. »

Nous prononçons ces phrases en toute bonne foi, dans l'intention de protéger l'enfant et de l'encourager à faire mieux. Mais, au lieu de l'aider à exprimer ses états d'âme, nous l'empêchons d'en parler. En réalité, c'est comme si nous lui disions :
« Tu ne ressens pas vraiment ce que tu prétends ressentir. Tu es seulement en train de faire une scène ! »
Si quelqu'un nous parlait de cette manière, notre première réaction serait de l'ignorer ou de défendre avec force nos sentiments.

Que faire alors ? Devant un obstacle, comment redonner courage et encourager nos enfants ?
Les psychologues, spécialistes de la communication nous l'expliquent : pour s'ouvrir les enfants ont besoin, avant tout, de constater que nous *consacrons de l'attention et du respect à ce qu'ils disent*. Souvent, il suffit de les écouter avec attention, en silence, sans les soumettre à des interrogatoires astreignants, se mettant dans la situation de celui qui veut apprendre, plutôt que dans la situation de celui qui veut enseigner ; en cherchant les réponses au lieu d'être convaincus de les posséder.
Cela signifie réussir à résister à la tentation d'intervenir, en restant silencieux à les écouter, de façon que l'enfant se sente compris et

ne craigne pas les jugements, les conseils ou les reproches. Si notre attitude exprime vraiment le fait qu'on soit proche de lui, notre sympathie, il apprendra à sentir que nous sommes *avec lui*, et cela suffit dans la plupart des cas à lui donner la force d'affronter seul le problème.

Il s'agit de réussir à suspendre toutes nos pensées, nos sentiments, nos appréciations et préoccupations pour pouvoir vraiment capter son message. De quelle façon ?
Répétons avec nos mots ce que l'enfant a dit, vérifions ensuite l'exactitude de la compréhension et corrigeons-nous, si cela est nécessaire.

« Je vois que tu es en colère… Tu n'as pas envie d'aller à l'école… »
« Ta sœur t'a mis en colère, aujourd'hui… »

Cela le rassure, il est sûr d'avoir été écouté, parce que lui-même peut constater que ses mots ont été perçus correctement.
En outre, de cette façon, nous l'encourageons à comprendre ses sentiments, même ceux les plus *inavouables* comme l'envie et la jalousie, et nous le convainquons petit à petit de s'ouvrir, lui donnant la certitude qu'il ne sera pas critiqué ou puni pour le simple fait d'éprouver des sensations désagréables. L'attention que nous portons aux raisons des enfants doit être présente même quand ils sont très petits et qu'ils n'ont pas la possibilité d'exprimer leurs difficultés si ce n'est à travers leurs gestes maladroits.

Au lieu de…
« Mais combien de temps tu vas mettre pour enfiler ton tee-shirt ? »
C'est comme si nous pensions que l'enfant le faisait *exprès* dans le but de nous faire désespérer. Mais de cette façon, nous lui faisons passer l'envie d'affronter les situations difficiles.

… essayons plutôt
« Ces tee-shirts sont vraiment compliqués à mettre. On ne sait jamais par où il faut enfiler les bras ! »

De cette manière nous reconnaissons les difficultés de l'enfant et en même temps nous le laissons tenter d'affronter la situation tout seul.

« C'est difficile d'enfiler rapidement un tee-shirt, n'est-ce pas? J'ai peur d'arriver en retard au travail, je vais donc t'aider à le faire plus rapidement… »

L'enfant ne se sentira pas humilié par une intervention aussi respectueuse et discrète. Nous n'exprimons pas notre manque de confiance dans ses capacités, mais nous lui demandons si on peut l'aider parce que c'est *nous* qui avons un problème : le temps.

Au lieu de…

« Pourquoi tu ne regardes pas où tu mets les pieds? Tu ne vois pas que tu vas tomber? »

C'est comme si on disait : *« Tu t'es trompé, évidemment tu ne regardais pas où tu mettais les pieds… Dis-moi ce qui s'est passé, et je te démontrerai que tu es un sot. »*

… essayons plutôt

« Ce genou est tout esquinté, tu as dû te faire vraiment mal… »

En voyant que nous ne le jugeons pas, l'enfant trouvera facilement tout seul l'erreur qui l'a fait tomber, sans subir un interrogatoire.

3. Donnons une interprétation aux succès et aux échecs

Simon

Simon, 6 ans, doit résoudre des additions et des multiplications.
Il y a écrit sur la feuille : « 3 x 2 = ? »
Simon écrit 5.

« Erreur! » pensons-nous instinctivement. « Il ne sait pas ses tables. Il ne comprend pas l'arithmétique. Il n'a pas fait ses devoirs ». En sommes-nous sûrs? N'y aurait-il pas d'autres hypothèses? Avant de corriger l'erreur, essayons de lui demander :
« Pourquoi? Pourquoi 3 x 2 font 5? »

• Il est possible qu'à travers ses réponses nous découvrions qu'il confond le signe x avec le signe +, et donc que son erreur n'a aucun rapport avec l'arithmétique.
• Ou bien, il n'a pas bien compris ce que signifie le symbole =.
• Ou encore, il a voulu écrire 6, mais au lieu de cela, son stylo a écrit 5…

Chaque erreur devient ainsi une précieuse occasion pour mener une enquête sur les parcours mentaux de nos enfants.
Avec un simple : « Pourquoi ? », cette fois demandé par un adulte, l'enfant refait le parcours inverse et décrit le processus mental qui a donné lieu au résultat : souvent, de cette façon, l'enfant se corrige tout seul et apprend à suivre un parcours qui lui permet de vérifier ses propres conclusions.
Nous pourrions avoir la surprise de voir qu'une réponse « erronée » de la part de nos enfants peut devenir une opportunité permettant d'ouvrir un dialogue avec eux.

François
François rentre de l'école avec une mauvaise note au devoir d'arithmétique.

Au lieu de l'accueillir par une scène (« *Tu n'as pas envie de travailler !* »), des punitions, et envisager des vacances passées à prendre des cours de soutien dans le gentil « salon » de la « prof » de mathématiques, nous devrions plutôt saisir l'occasion de ce « désastre » pour l'inviter à examiner les causes : une préparation insuffisante, un manque d'organisation dans les devoirs, réponses faites trop rapidement, perte de temps pour résoudre un problème, absence de vérification des réponses, sous-évaluation des difficultés… En parlant, François devient *conscient* de ce qui se passe. Mais pourquoi ? Qu'est-ce qu'il trouve difficile ? Dans d'autres matières, comme en histoire par exemple, il a envie d'étudier, et cela se voit aux résultats qu'il obtient.
« Pourquoi ? » Qu'est-ce qu'il y a de différent ?

Les éventuelles mesures que nous pourrions prendre seraient vécues comme un soutien qui permettrait de dépasser les difficultés, et non comme une punition arbitraire.

Comment corriger ses erreurs ?

Combien de fois, dès que les enfants commencent à parler avec nous, nous avons tendance à les corriger, rectifier, préciser, répéter ? Habitués à nous sentir éternellement investis d'un rôle éducatif, nous perdons ainsi l'occasion de communiquer.

• Même quand nous corrigeons ses erreurs, il est suffisant de *suggérer un chemin* pour arriver à la bonne réponse, *sans souligner l'erreur*. Le papa montre la photo d'un lion, l'enfant dit : « *C'est un tigre.* »

Au lieu de dire : « *Non, c'est un lion* », on peut demander : « *Qu'est-ce qui te fait dire que c'est un tigre ?* »
« Si un enfant se trompe devant ses camarades », conseille Elena Baharier de Milan, qui enseigne la méthode Feuerstein et depuis des années l'applique aux enfants qui ont des difficultés d'apprentissage, « le message à transmettre est qu'on apprend plus *en analysant* les erreurs qu'en donnant les bonnes réponses : l'erreur est une occasion qui doit permettre à soi-même, mais aussi *aux autres,* d'apprendre. Il s'agit de présenter les difficultés rencontrées comme un moment d'enquête sur les différentes routes qui peuvent porter à la solution, en individualisant les pièges où nous risquons tous de tomber : « Voilà un bel exemple. Parlons-en tous ensemble. »

• La « correction » est particulièrement *blessante si elle est appliquée à la créativité.*
Les tableaux des grands peintres contemporains, comme Picasso, Chagall, Klee, Miró, sont remplis de visages à trois yeux et deux nez, de personnages à l'envers, de chèvres qui volent, de ciels violets. Un monde fantastique et très original qui n'accepte pas les règles des

adultes, mais est le produit d'artistes qui ont réussi à conserver le regard magique de l'enfance.

Quand un enfant nous présente un dessin, ne tranchons pas par des jugements, et évitons de le confronter à des images stéréotypées (du grec *stereo,* qui signifie « rigide, arrêté, sans vie ») du monde que nous portons en nous.
Regardons avec ses yeux, et faisons-nous raconter ce qu'il a voulu dire : nous aurons des surprises.

Quand il ne se trompe pas

Récompenser l'enfant pour ses bons résultats par un câlin ou une appréciation positive est toujours très important : c'est une technique que les psychologues appellent le *renfort positif*, et se révèle extraordinaire pour améliorer le comportement et l'auto-estime de l'enfant.
« Pour être constructive », note Feuerstein, « la récompense doit être cependant motivée de façon à aider l'enfant à avoir la perception des progrès accomplis et à fixer les objectifs ultérieurs à atteindre. »

« Tu as réussi à porter un verre d'eau sans faire tomber une goutte d'eau par terre. Cette fois, tu t'es rappelé qu'il ne fallait pas remplir le verre jusqu'au bord, et tu as fait attention à ne pas te prendre le pied dans le tapis. Ce soir, nous le raconterons à papa. »
« Quelle belle tour : je n'en ai jamais vu d'aussi haute. Tu as eu une bonne idée de faire un socle large pour qu'elle ne s'écroule pas. »
« Tu as eu une bonne note au devoir de mathématique. Je suis très contente. Tu t'es rappelé de contrôler les réponses, et tu as vu les progrès que tu as faits ! »

Si nous voulons faire des compliments, au lieu de parler de l'enfant et lui attribuer des qualités et des jugements plus ou moins positifs, *parlons de nous,* en lui expliquant les réactions qu'il a suscitées en nous.

Depuis que je suis petit, on m'a toujours dit que j'étais très bon. Je ne pleurais jamais, et pendant toute ma vie je me suis senti contraint de m'adapter au rôle de celui qui est « sage », qui ne crée pas de problème, très bon à l'école aussi. Quand il m'arrivait de me tromper, j'étais paniqué : je craignais de décevoir mes parents au point d'être mal jugé, repoussé, pas aimé... (Marc, 30 ans)

Au lieu de...

« *Merci, quelles belles marguerites que tu as apportées à ta maman, c'est vraiment bien !* » Puis, dire à son père : « *Tu as vu quelle enfant merveilleuse ?* »

De cette façon, nous donnons un *jugement*, même s'il est positif, sur l'enfant. Et la petite fille, malgré les éloges, pourrait penser : « *Alors, quand je ne lui amène pas de fleurs, ce n'est pas bien.* »

... essayons plutôt

« *Tu as cueilli ces belles fleurs pour moi ! Merci, cela prouve que tu m'aimes vraiment.* »

Ainsi nous poussons les enfants à agir en fonction de leurs sentiments, en prenant en considération aussi ceux des autres, et pas seulement parce qu'ils ont besoin de s'entendre dire qu'ils agissent bien ou qu'ils sont bons.

Je promets toujours de ne pas taper ma sœur, mais ensuite je n'y arrive pas…

Ou Le contrôle du comportement

- C'est un enfant « sage »
- Il est possible de changer
- « Faisons un petit programme ! »
- Donnons des limites précises
- Renvoyons à plus tard la gratification

Ludovic

C'est une journée pluvieuse ; Ludovic est resté à la maison tout l'après-midi, et pour tuer le temps, il cumule les bêtises.
« Tu n'avais pas un travail à faire en dessin ? » lui suggère sa mère, dans l'espoir de réussir à le calmer au moins pour une demi-heure. « C'est vrai ! » s'exclame Ludovic. Il saute sur le canapé, fait une petite danse propitiatoire, se bute contre une chaise, renverse une pile de livres pour extraire une feuille, et finalement, s'assoit.
Peu de temps après, il donne un grand coup sur la table, froisse le papier et le jette par terre.
« Je n'y arrive pas, la feuille est trop petite ! » déclare-t-il désolé. « Les jambes de mon personnage n'entrent pas ! »

La feuille est-elle vraiment trop petite, ou est-ce le personnage qui est trop grand ? Cela dépend des points de vue : soit nous voulons contrôler notre comportement sur la base de ce que nous avons devant nous, ou nous laissons alors libre cours à nos impulsions, en faisant ce qui nous passe par la tête.

C'est un enfant « sage »

Il y a des enfants qui ont des comportements impulsifs, qui se précipitent pour faire des choses sans y réfléchir avant, comme dans le cas de Ludovic, et d'autres toujours indécis, qui tendent à se laisser dépasser par les événements.

Dans les deux situations, il s'agit de développer la *capacité de contrôler son propre comportement,* à savoir, comme on disait avant, en utilisant un mot qui souligne le lien entre l'intelligence et l'action, d'agir *avec bon sens.*

Un enfant agité ne se rend pas toujours compte de son agitation, et il est encore moins conscient de sa capacité à se contrôler.

« J'ai perdu la tête. »
« J'ai perdu la raison. »
« Je n'ai plus rien compris. »
« J'étais hors de moi. »
« Il m'a rendu fou. »

Les phrases que l'on prononce quand on sort de ses gonds ont un élément en commun : elles se réfèrent toutes à la perte de contrôle de l'intellect.

Il est inutile de demander à un enfant qui a « perdu la tête » : « Pourquoi as-tu fait ça ? » Il ne saurait pas répondre. Les enfants impulsifs n'ont pas la capacité de connaître les motivations de leurs actions.

« En revanche, il est plus utile de demander : 'décris-moi *ce que* tu as fait, *comment* c'est arrivé' », explique Elena Baharier, enseignante de la méthode Feuerstein. « En parcourant de nouveau la séquence de ses actions et en les racontant, l'enfant se rend compte tout seul des parcours mentaux qui l'ont amené à l'échec ou au succès. En s'exerçant *à regarder de l'extérieur* ses propres actions, il apprend à se rendre compte de son impulsivité. Et c'est un premier pas qui peut lui permettre de décider de la contrôler. »

Il est possible de changer

L'objectif de la médiation du contrôle du comportement consiste à faire *prendre conscience de la capacité de contrôle personnel*. Réussir à mettre un frein à l'impulsivité et à être maître des situations sans les subir.
Les enfants, mais aussi de nombreux adultes, n'imaginent pas que l'on puisse *décider* de le faire : *Je suis fait comme ça, je ne peux rien y faire*. En revanche, il est possible de changer.

Nous avons donné dans une classe d'enfants une feuille blanche à chacun d'entre eux, sans leur fournir d'explication. La chose, en général, les met mal à l'aise : il y a ceux qui demandent ce qu'ils doivent en faire, ceux qui commencent à la plier pour en faire un avion, ceux qui la froissent nerveusement, ceux qui se lèvent parce qu'ils ne supportent pas l'attente. Ensuite, nous leur avons distribué des crayons, en leur demandant cependant de ne pas les prendre et de les laisser sur la table.
Les enfants ont commencé à se rendre compte qu'il n'est absolument pas facile de se retenir. Nous en avons parlé, et cela les a interpellés. Nous les avons donc invités à prendre les crayons, mais sans rien tracer sur la feuille. Enfin, nous leur avons donné un travail à faire : écrire une phrase sur un thème donné, mais attendre une minute, montre en main, avant de commencer à écrire.
À chaque étape, nous avons analysé les réactions de la classe, en soulignant les comportements impulsifs.
Les résultats se sont révélés surprenants : à la fin, les enfants se sont rendus compte que l'impulsivité influe de façon importante sur leur façon d'agir mais surtout, ils se sont émerveillés de leur capacité à pouvoir la contrôler.
Ils ont acquis ce que les Anglo-Saxons appellent, par un joli mot, insight, qui pourrait se traduire par « vue de l'intérieur de soi-même ».
(Jacques Salavis, psychologue franco-israélien)

✓ Il ne s'agit pas de limiter la spontanéité et l'expression de ses propres sentiments, mais d'apprendre à contrôler la tendance à agir au hasard sans but précis. La médiation de contrôle du comportement vise à renforcer systématiquement le *c'est moi qui décide* de l'enfant, en augmentant en lui la conscience de ce qu'il fait. Il ne doit pas se transformer lui-même pour devenir quelqu'un d'autre : il maintient son individualité, ses caractéristiques, mais il en devient *conscient*. Il apprend à reconnaître, à accepter et à gérer, et non pas à nier ses impulsions, à se confronter avec les résultats de ses actions, à agir d'une façon qui lui permette d'atteindre ce qu'il désire.

1. « *Faisons un petit programme !* »

Depuis que mon enfant a eu 1 an et qu'il a commencé à marcher, je lui ai enseigné à faire un « programme ». Je lui prenais la main et en commençant par le pouce, je lui dressais la liste des choses à faire : « Maintenant nous préparons le repas, ensuite nous mangeons, puis on se lave les dents, on met le pyjama, on raconte une histoire et on va au lit. » Cela a fonctionné. Albert sait gérer ce qu'il a à faire et, encore aujourd'hui, à 12 ans, quelquefois il me demande de l'aider à faire le « programme » de la semaine. (La maman d'Albert)

• *Visualiser le futur* est une des abstractions indispensables pour stimuler le développement de l'intelligence. S'il ne réussit pas à stabiliser son propre comportement en se basant sur les prévisions de ce qui se passera, il n'aura pas la possibilité de prévoir le résultat de ses propres choix.

• *Éclaircir la séquence des faits* aide les enfants à donner une évaluation réaliste de leurs propres capacités, à faire l'inventaire des moyens dont ils disposent, à établir le temps nécessaire à accomplir une action donnée, les informations ou les connaissances nécessaires avant de commencer, sur la manière dont la nouvelle chose à faire peut gêner l'accomplissement des autres tâches.
C'est une « grille » qui peut être appliquée à n'importe quelle situation, même à la plus banale.

« Maintenant, on va au supermarché, ensuite on rentre à la maison, on range les courses puis on reste ensemble tous les deux pour lire une fable pendant un quart d'heure. »

« *Maintenant, je suis en train de lire le journal, ensuite je vais prendre une douche, et après on joue ensemble.* »
« *Nous jouons encore dix minutes, et ensuite je vais faire la cuisine.* »

• Essayons d'habituer nos enfants à établir un programme, même pour les tâches les plus simples, de manière à les rendre autonomes au moment où ils les accomplissent. Si par exemple un enfant veut prendre une boîte sur une étagère trop haute pour lui, ne nous précipitons pas pour la lui donner : demandons-lui comment pense-t-il pouvoir détourner l'obstacle pour réussir à se débrouiller tout seul.
S'il est petit, rapprochons-lui la chaise, enseignons-lui à monter dessus, et invitons-le à évaluer si la boîte à prendre est trop lourde, si elle contient des objets qui peuvent se rompre ou s'éparpiller sur le sol…

2. *Donnons des limites précises*

Le pédiatre américain Berry T. Brazelton, auteur de nombreux tests sur le rapport parents-enfants, explique : « L'enfant *capricieux*, qui demande continuellement des jeux, demande en réalité des certitudes et des limites. » S'il ne les obtient pas, il insiste tel un défi, en attendant le moment où il se passera quelque chose.
Brazelton poursuit : « L'expérience de nombreuses générations, confirmée par des études récentes, prouve que les limites établies à un âge précoce sont formatrices, et rendent les enfants capables de se fixer des limites et de les respecter. »
Cela ne signifie pas imposer des règles rigides ou exiger une obéissance aveugle, mais plutôt dire *non* en expliquant toujours les raisons de notre ligne de conduite.
Ce n'est pas une chose facile car il faut réussir à transmettre deux messages apparemment contradictoires.

1. D'une part, démontrer à l'enfant que nous l'aimons.
2. D'autre part, le convaincre que *c'est justement pour cela que nous ne lui donnons pas* ce qu'il veut.

Si, par exemple, le conflit du moment concerne l'irrésistible envie de sucreries, nous lui dirons non, saisissant l'occasion pour lui enseigner quelques principes d'éducation alimentaire : se gaver régulièrement de bonbons n'est pas bon pour la santé, tandis que goûter la tarte de la mamie est une occasion festive.

Impulsivité ou rapidité de pensée ?

Pour résoudre un problème, trois éléments sont indispensables.

1. La définition claire et précise du problème.
2. La collecte scrupuleuse des données nécessaires.
3. Le contrôle de l'impulsivité dans les trois moments cruciaux de la solution : la collecte des informations, leur élaboration, la formulation du résultat.

Ce type d'approche ne s'applique pas seulement aux problèmes mathématiques ou scolaires, mais s'adapte à n'importe quelle situation : de la manière de remplir le lave-vaisselle sans perdre de temps à la façon d'organiser une fête avec des amis, car c'est à travers ces occasions que l'enfant s'implique le plus.

En apprenant à donner une séquence à ses actions, il prendra l'habitude de mettre instinctivement en œuvre une série d'automatismes qui lui donnent la possibilité d'agir rapidement, sans penser, mais aussi sans se tromper.

L'impulsivité, en effet, n'est pas toujours négative : dans la *routine*, quand on doit agir rapidement et avec assurance, elle est nécessaire. Une habileté aujourd'hui indispensable, dans une culture orientée à récompenser la rapidité plutôt que la planification, l'efficacité au lieu de la réflexion, la quantité plus que la qualité. Et le jugement est sans pitié : si on échoue on est impulsif, si on comprend le problème, on sort vainqueur.

L'enfant pourra comprendre ainsi que notre *non* est motivé par une attention particulière envers lui, et non par absence d'amour.

Si les limites sont expliquées et respectées avec cohérence, *elles donnent de l'assurance*. Un principe qui, en général, s'applique très bien quand les enfants sont petits mais échoue à l'occasion du premier accrochage, au moment de l'adolescence.

3. Renvoyons à plus tard la gratification

« D'abord tu finis tes devoirs, ensuite tu pourras jouer. »
« Attends ton tour pour boire. »

Ceux qui échouent à l'école sont souvent incapables de faire des efforts : au premier insuccès, ils renoncent. En enseignant à renvoyer la gratification à plus tard, on renforce la capacité de l'enfant à affronter les difficultés d'un projet.

Pour en savoir plus

C'est comme ça que nous apprenons tous à penser

• « Un instant… je réfléchis. »
• Point par point, on construit la confiance en soi
• Apprendre à apprendre

Celui qui aura lu le livre jusqu'ici se sera arrêté plusieurs fois pour réfléchir à la manière dont l'*expérience d'apprentissage médiatisé* peut produire des effets aussi éclatants que ceux dont nous faisons le récit.

Dans le cas des enfants en difficulté d'apprentissage particulièrement grave, si l'on veut obtenir des changements structurels, l'intervention ne peut pas être laissée à la bonne volonté des parents ou de quelques enseignants. Le travail doit être prolongé et méthodique.

C'est ce que Feuerstein a fait de manière systématique et avec grande ténacité dans son *Programme d'enrichissement instrumental,* qui a pour objectif de faire croître les fonctions d'apprentissage, en partant de l'idée que l'intelligence est modifiable indépendamment des conditions. Au terme de ce parcours, qui en général dure de deux à trois ans, les enfants qu'on retenait parce que destinés à « végéter » dans quelque institut pour le reste de leur vie, réussissent à s'insérer dans une classe normale.

Le programme est composé de quatorze instruments : il s'agit de plus de 500 pages (groupes d'exercices de difficultés progressives) à affronter sous la conduite d'un formateur-médiateur qui sélectionne et organise les stimuli à proposer.

Son travail consiste à rendre les élèves *conscients aussi des plus petits changements* qui se vérifient dans la manière avec laquelle ils résolvent les problèmes. L'objectif des instruments ne se situe pas en effet dans la solution qu'ils apportent, mais dans le fait de faire prendre conscience à chacun de ses propres mécanismes et processus mentaux.

✓ Pour autant que cela puisse paraître stupéfiant, ce qui distingue la méthode Feuerstein de n'importe quel autre type de formation réside dans le fait qu'elle *ne demande pas d'habileté spécifique particulière*. Le médiateur ne transmet pas d'information, mais stimule les processus intellectuels de l'enfant en lui posant des questions, en l'invitant à faire des comparaisons, en aiguisant son imagination, en le stimulant à prévoir ses actions, à donner un nom à ses actions. Il agit de façon intentionnelle et systématique pour corriger les *fonctions cognitives insuffisantes* qui se présentent dans les différentes phases de la pensée :

• La collecte d'informations (*input*) ;
• L'utilisation des données (*élaboration*) ;
• La communication des réponses (*output*).

Petit à petit, on se passionne à « se voir penser » et à développer des stratégies de pensée jusqu'à ce moment insaisissable.

« *Un instant… je réfléchis.* »

Quand Reuven Feuerstein distribue les pages d'un travail à faire à ses élèves, il apparaît sur la première feuille le visage d'un enfant au regard pensif avec écrit en dessous : « *Un instant… je réfléchis.* »
Il est essentiel que la pause de réflexion devienne une réaction instinctive toutes les fois où on lui demande une réponse ou la solution à un problème. Elle sert à réprimer l'impulsivité, à renvoyer la satisfaction immédiate d'un désir ou, dans le cas de tâches plus complexes à réaliser, à prendre des décisions en faisant un programme.

Stefano Gagliardi et Paola Mazzota parlent de deux élèves en classe de 5e D au collège San Cesario de Lecce, où le programme Feuerstein

a été appliqué en classe avec enthousiasme de la part des élèves :
« À travers cette méthode, nous avons compris que chaque personne possède son propre rythme de travail qui doit être respecté. « *Un moment...* », en effet, représente un temps indéfini, qui varie selon les personnes. Il ne s'agit pas d'une minute ou d'une heure, il ne peut être mesuré. Le même travail peut demander des temps différents selon les personnes, ou même des temps différents pour la même personne à des moments différents. Nous sommes arrivés à une conclusion importante : 'Le temps qui passe possède des aspects de valeur subjective', comme dit la 'prof' ».

Point par point, on construit la confiance en soi

La première étape du *Programme d'enrichissement instrumental* commence de manière significative par la recherche de formes géométriques dans un enchevêtrement de points placés en apparence sans aucun ordre, comme nous le sommes face aux stimuli auxquels nous sommes souvent soumis.

Cher ami, je t'écris...

Les lettres reportées ci-dessous ont été publiées dans le journal de l'Institut qui comprend l'école maternelle et élémentaire, et le collège San Cesario de Lecce, dans un numéro consacré aux « élèves de 5ᵉ D et la méthode Feuerstein. »

San Cesario, Lecce, 14 mai 2001

Cher Simon,
Comme tu le sais, il y a eu pour moi de nombreux changements cette année.
Dans la nouvelle section, il nous a été proposé de participer à un projet d'expérimentation appelée méthode Feuerstein.
Étant donné que nous sommes arrivés à la fin de cette expérimentation, je voudrais te la communiquer.
La méthode Feuerstein est utilisée pour faire « raisonner » la personne qui apprend.

Le médiateur est l'enseignant, et si un jeune n'apprend pas bien, Feuerstein soutient que c'est par manque de médiation didactique.
Apprendre par « bribes » est appelé « notionisme ».

La méthode inclut le PEI, qui signifie le *Programme d'enrichissement instrumental*.
Le moteur de cette méthode est : « Un instant… je réfléchis. », et faire comprendre que cet instant dont chacun a besoin n'est pas le même pour tous.
Une « chose » fondamentale de la méthode est de se demander toujours en quoi consiste le problème. En outre, cette méthode augmente le niveau d'abstraction en utilisant un lexique toujours plus riche. Il faut ensuite être capable de trouver les relations entre les items, et il y a de nombreux exercices qui stimulent vraiment le développement de ces habiletés. Chaque fois qu'on finit de remplir une fiche, il faut faire le *bridging* (créer des ponts), écrire les stratégies qui sont utilisées et faire transcender, c'est-à-dire appliquer dans d'autres contextes ce que nous avons appris.

Le projet s'est révélé intéressant, même si, pour qu'il soit appliqué de façon approfondie, mes compagnons et moi nous avons fait quelques sacrifices, en restant à l'école deux heures de plus un après-midi par semaine.
Maintenant que l'expérience est sur le point de se terminer, nous sommes en train de réaliser un journal sur la méthode, où nous mettons en évidence tout ce que nous avons appris. L'enseignante nous a dit que si le journal était bien fait, elle enverrait une copie à l'auteur de la méthode, R. Feuerstein, auprès de son Centre à Jérusalem, et le tout sera imprimé sur un CD.
Maintenant, cher Simon, je te laisse, et si l'année prochaine dans ta classe, ils devaient expérimenter cette méthode, je te conseille de ne pas la rater.
Salut.

Pierangelo Cinotti

San Cesario, Lecce, 14 mai 2001

Chère Claire,

Je voudrais te raconter une expérience qui m'a vraiment enthousiasmée. Dans ma classe, cette année, nous avons expérimenté la méthode Feuerstein. Tu n'en as certainement jamais entendu parler, mais à travers cette lettre, je voudrais te raconter comment j'ai vécu cette expérience.

Une enseignante de ma classe, Mme Perrone, nous a parlé de la méthode Feuerstein, et à peine a-t-on commencé à l'expérimenter dans ma classe que je me suis tout de suite sentie intéressée. La « prof » a joué le rôle d'enseignant-médiateur, la personne qui doit aider l'élève à viser non pas le produit, mais la procédure pour y arriver.

Cette méthode nous a permis d'élargir notre champ mental, en potentialisant les fonctions cognitives. Nous avons enrichi notre lexique, et les mots qui m'ont marquée sont: relations virtuelles, *input*, élaboration, *output*, médiateur, intentionnalité, réciprocité, transcendance, stratégies, impulsivité, convention, universel, intersubjectif, flexibilité; ce ne sont que quelques exemples de mots nouveaux que nous avons appris.

Les exercices que nous avons faits, nous ont servi à comprendre que face à n'importe quel problème nous devons toujours nous demander le pourquoi…

Je te relate un épisode qui m'a marquée: l'autre jour, Mme Perrone a posé une question: « Qu'est-ce qu'un problème ? »

Cela nous a d'abord semblé une question stupide, parce que nous pensions que nous aurions tous su y répondre; mais une grande partie d'entre nous est restée perplexe et c'est seulement à la fin, avec l'aide du professeur, que nous avons compris qu'un « problème » était une situation de déséquilibre qui se crée entre les données que nous avons et celles en revanche qui nous sont demandées.

Cela m'a fait comprendre qu'il suffit d'un rien pour nous rendre perplexes; donc nous devons essayer de raisonner, et ne pas donner des réponses sur la base d'un processus d'épreuves et d'erreurs, de contrôler notre impulsivité.

Grâce à cette méthode, je suis en train de me rendre compte que quelque chose a changé en moi, même si ce n'est pas radical, parce que nous n'en

sommes encore qu'au début. J'ai fait de nombreux progrès dans certaines disciplines, je réussis à faire des connexions, à résoudre presque toujours les problèmes de la vie d'une manière systématique. Je suis très contente d'avoir intériorisé la méthode Feuerstein dans les différentes disciplines scolaires, même si pour potentialiser tout cela, nous avons besoin de beaucoup plus de temps, mais surtout de la conduite de l'enseignant-médiateur.
Crois-moi, Claire, cela vaut vraiment la peine de faire cette expérience. Maintenant, je te laisse.

P.S. : Je pense beaucoup à toi.

Ton amie, Valentina Bettoschi

Comme dans l'antiquité, l'homme a appris à s'orienter dans l'espace qui l'entoure en faisant correspondre aux astres des figures qui avaient un sens et un nom ; de la même manière, pour organiser notre propre vie, nous devons partir d'un point. Et cette opération est appelée justement *Organisation des points*.

« Quel intérêt peut avoir un enfant à relier des points ? » demande ironiquement Feuerstein. En apparence, aucun. Pourtant, l'exercice offre à celui qui a subi une série d'insuccès scolaires décourageants un avantage énorme : il ne présuppose pas l'acquisition de notions. Il n'est pas nécessaire de savoir lire, ni de savoir parler de façon correcte, encore moins de savoir que 2 + 3 font 5, ou que Mazzini est un patriote du Risorgimento et pas un joueur en avant-centre de l'équipe de football de Milan. Face aux points, personne ne se sent désavantagé : on part tous de zéro.

Entre les mains d'un maître, ce programme s'avère un instrument formidable. « Un bon enseignant », explique Feuerstein, « est comme un bon jazzman. Il doit avoir la capacité d'improviser une belle musique en n'utilisant que quelques notes. »
Avant de commencer le cours, on sollicite l'intérêt des jeunes pour ce qu'ils vont faire et on insiste sur la nécessité de penser avant de prendre toute initiative, même s'il ne s'agit que d'unir deux points avec un trait.

Presque toujours, ceux qui collectionnent les insuccès scolaires sont impulsifs. Ils ont à faire face à un manque de stratégie pour affronter un problème et, accablés par la frustration, ils donnent des réponses au hasard. On leur annonce que l'*Organisation des points,* les rendra capables de développer une stratégie de pensée, de réfléchir, d'obtenir des résultats qui jusqu'alors ont été pour eux impossibles à atteindre.

Au cours du déroulement de l'exercice, on leur impose des règles de fer, qui seront ensuite appliquées à tous les autres cours.

1. Il faut toujours réfléchir avant de commencer un travail.
2. Il faut éviter certaines tentatives : il ne faut pas tracer de ligne si l'on n'a pas visualisé avant mentalement la figure qu'on doit produire.
3. Après avoir suivi quelques exercices, on s'arrête pour discuter ensemble des stratégies utilisées pour résoudre les problèmes.
4. Chacun doit savoir exprimer avec ses propres mots ce qu'il a fait. Sur le tableau, on écrit les différentes stratégies utilisées par les élèves et les mots clés nécessaires pour décrire ce dont on parle : *constellation, imaginaire, ligne, ordre, point, symbole, univers, modèle de référence.*
5. On ne fait d'exception pour personne. On demande à tous d'utiliser un vocabulaire précis : si l'on est capable d'utiliser le mot « chaise », il n'y a pas de raison pour ne pas utiliser des mots comme « ligne », « univers », ou « abréviation ».
6. Enfin, on arrive au *bridging,* de *bridge* (mot anglais qui signifie « pont »), littéralement « créer des ponts » : à savoir, faire des associations, appliquer un concept utilisé dans une certaine situation à d'autres apparemment très éloignées.

Un cours sur l'*Organisation des points* peut déboucher sur une discussion avec des arguments à première vue sans aucun lien entre eux : le besoin d'avoir des points de référence, par exemple des auto-adhésifs ou des marqueurs pour prendre note des informations qui nous intéressent, la nécessité d'*établir des précédences* avant d'affronter un problème, l'utilité de *faire des comparaisons* avant d'atteindre/prendre une décision.

À la fin, chacun apporte un exemple concret auquel appliquer les principes qu'ils ont appris : consulter l'annuaire téléphonique, lire les instructions avant de prendre un médicament, ou encore définir le parcours d'un autobus en ville.

On apprend différentes choses :

- à limiter au minimum les fois où l'on doit se comporter selon le critère : « *Essayons, on verra bien ce qui se passe après* » ;
- à planifier ses propres choix ;
- à devenir conscients des processus mentaux qui se mettent en œuvre ;
- à évaluer le travail accompli et la raison du succès ou de l'insuccès.

Apprendre à apprendre

À partir de l'organisation en points, on passe aux autres instruments de la méthode, pour finir par un instrument appelé *Masques* : on dispose d'une série de modèles en carton à superposer de manière à obtenir des figures.

Le problème réside dans le fait que ces tentatives doivent être exécutées seulement mentalement, en prévoyant le résultat : on ne peut pas *essayer* de le faire en superposant les modèles. Il faut savoir expliquer ses propres représentations mentales :

« *Quelle figure obtenons-nous, si nous superposons le 'masque' N° 18 sur le N° 7 ?* »

Avec cet exercice, qui utilise la méthode appelée « pensée représentative », les professeurs surdiplômés ont souvent des difficultés à rivaliser avec les diplômés des cours de Feuerstein. « Rivaliser » est cependant un mot tabou. Tout l'effort éducatif est orienté vers la construction de l'estime de soi : à savoir, la conviction d'être capables d'obtenir ce que l'on s'est décidé à accomplir.

Personne n'est récompensé parce qu'il est arrivé premier. Au contraire, il est plus important de prendre son temps pour penser à la manière, avec quelles stratégies, à travers quels parcours mentaux on arrive à résoudre l'exercice. Chacun doit se sentir gratifié pour ce qu'il est, et non pour ce que les autres ne sont pas.

✓ Petit à petit on *apprend à apprendre,* on tire de ces stimuli une capacité d'évolution autonome et indépendante et on change l'image que l'on a de soi-même : « On passe de l'être qui reçoit passivement des informations à celui qui est capable de générer activement un nouveau savoir. »

Moi aussi
je suis toujours sans argent...

Ou La médiation du comportement de participation

• Le lien entre intelligence et participation
• Une tendance qui doit être stimulée
• « Essaie d'expliquer ce qu'en pense ton ami... »
• Ne sous-évaluons pas les « bonnes manières »

Martine
Martine, 5 ans, regarde déconcertée sa maman qui s'est mise à sangloter : « Ils m'ont tout volé. Je venais juste de prendre de l'argent à la banque... »
Martine s'approche de sa maman et la caresse sur la joue de sa petite main : « Moi aussi je suis toujours sans argent », dit-elle pour la rassurer. Sa maman est émue et sourit : « Tu sais, j'ai une idée. J'ai encore un peu d'argent dans ma poche. Qu'est-ce que tu en penses d'aller manger ensemble une bonne glace ? »

Si, à ce moment-là Martine, pour compenser la perte causée par le vol, s'était mise à calculer combien d'euros il lui fallait économiser chaque mois, sa maman n'aurait ressenti aucun soulagement par la capacité de planification de sa fille. En revanche, la caresse de Martine et sa participation innocente à la mésaventure de sa maman (« *Moi aussi je suis toujours sans argent* ») accomplissent un miracle. Le geste de l'enfant redimensionne le petit drame, et le transforme en un événement à fêter avec une glace !

On peut cependant se poser la question du rapport entre l'intelligence et la capacité de participer aux sentiments des autres. Et, si c'est le cas, comment le transmettre aux enfants ?

Le lien entre intelligence et participation

Le neuropsychologue américain Howard Gardner, dans son livre *Les formes de l'intelligence* (Éd. Odile Jacob, Paris), soutient que dans l'étude de l'intelligence, de nombreux aspects ont été négligés, parmi lesquels l'intelligence interpersonnelle, à savoir la capacité de comprendre les personnes et de se connaître soi-même, celle qu'on appelle aujourd'hui l'*intelligence émotive*. Deux qualités qui dans les domaines de la psychologie, de la communication et du spectacle, aujourd'hui en grande expansion, sont sûrement plus importantes que les autres fonctions, comme l'abstraction ou le raisonnement logique.

Feuerstein écrit : « Le comportement de participation exprime le besoin de sortir de soi-même : de partager ses propres sentiments et de s'identifier à ceux des autres. »

Pour s'identifier, il ne suffit pas d'aimer une personne : il faut réussir aussi à comprendre son point de vue et s'imaginer ce qu'il pense.

Ce n'est pas gagné d'avance. Les enfants tendent à être centrés sur eux-mêmes, à s'entêter sur leurs propres convictions et jugements, à refuser d'écouter ce qu'une autre personne tente d'exprimer.

Une tendance qui doit être stimulée

D'autre part, la tendance à participer est innée. Il est fréquent que dans le service pédiatrique de l'hôpital, en entendant un enfant pleurer, les autres, par sympathie, se joignent au chœur. Souvent, bien avant d'apprendre à parler, ils offrent leurs jouets ou leur bonbon à d'autres enfants ou aux adultes. Ces tendances doivent être encouragées. C'est un type de communication « chaude », qui s'exprime par le contact physique, le chant, la danse, le jeu, et qui initie les enfants à un rapport attentif et intense avec les autres.

Au fur et à mesure que les enfants grandissent, il est important de trouver quotidiennement un moment en famille pour se réunir et parler de la journée. L'occasion peut être le repas du matin, le dîner ou la bise du coucher.

Les voyages, les visites dans la famille, les fêtes et même les tâches domestiques peuvent offrir des moments précieux de participation.

Les événements ne doivent pas être nécessairement joyeux. Feuerstein écrit : « Ne pas donner l'occasion à un enfant de participer avec les autres membres de la famille aux expressions de condoléances pour la mort d'une personne chère ne sert pas à protéger l'enfant de ses sentiments, cela l'empêche de prendre part à un important processus de socialisation, en l'isolant non seulement physiquement, mais aussi émotionnellement. »

« *Essaie d'expliquer ce que pense ton ami…* »

J'ai connu un enfant qui faisait ses devoirs sans suivre les instructions qui lui avaient été données. Il travaillait bien à l'école, et il voulait mettre son originalité à l'épreuve. En parlant avec lui, j'ai remarqué qu'il ne regardait jamais ce que faisaient les autres ; il fonctionnait tout seul. Je me rendis compte qu'il avait besoin de la médiation du comportement de partage dans les deux sens : de sa part envers les autres, et vice-versa. Son égocentrisme le conduisait à une rigidité cognitive et à l'incapacité, dans l'accomplissement d'une tâche, de voir d'autres routes qui pouvaient être aussi valables que la sienne. Il risquait d'instaurer une rigidité mentale chronique, qui l'aurait empêchée de laisser libre cours à sa pensée divergente et créative, qu'il poursuivait par amour-propre. Dans ce cas, l'exercice de décrire avec ses propres mots le point de vue d'une autre personne est particulièrement efficace pour développer sa capacité d'écoute de la pensée d'autrui.
(Jacques Salavis, psychologue franco-israélien)

Ne sous-évaluons pas les « bonnes manières »

Même les « bonnes manières », souvent méprisées, peuvent être des expressions à travers lesquelles se manifeste la participation. Attendre son tour, donner la priorité aux personnes âgées, comme adapter son langage à l'interlocuteur sont des formes d'attention envers les autres.

Je et *moi* sont les premiers mots que l'enfant apprend, peut-être parce qu'ils lui servent à se distinguer des autres : en s'appropriant sa propre personnalité, il réussit à détacher la sienne de celle de ses parents.
Et c'est à cette individualité que nous devons faire appel pour lui enseigner à prendre en compte les sensibilités de ses interlocuteurs.

« *Ce langage ne plaît pas* à tes grands-parents. »
« *Je te prie de* me *parler sur un autre ton.* »
« *Tu aimerais que je* te *parle de cette façon, comme tu t'adresses* à moi. »

La brebis galleuse de la famille

Ou L'individualisation et la différenciation

- Jean se débrouille, Franc est un génie
- Comment faire pour que l'enfant se sente unique et original
- Donnons-lui la possibilité de faire des choix
- Prenons en considération son point de vue
- Faisons-lui comprendre les effets/conséquences de ses actions
- Développons son sens des responsabilités

Tamara
Dans la cuisine, Tamara aide sa grand-mère à éplucher les pommes de terre.
« Ne retire pas trop de peau aux pommes de terre », lui conseille sa grand-mère, « sinon c'est du gaspillage… »
« Tu commences par la partie la plus grosse de la pomme de terre… c'est plus facile pour faire du bon travail. Si tu épluches la pomme de terre comme il faut, à la fin tu obtiens un seul ruban avec toute l'épluchure… »
« Prends le journal avec les épluchures sur la table, pourquoi tu le mets sur tes genoux ? »
À ce moment-là, Tamara se lève et laisse tomber sur le sol le journal plein d'épluchures, jette avec force l'économe sur la table et, le visage plein de rage, hurle :
« *Je ne suis pas toi ! Tu n'es pas moi ! Ta main n'est pas la* mienne ! Ma main n'est pas la tienne ! Toi, tu ne peux pas faire les choses comme moi ! Moi, je ne peux pas faire les choses comme toi ! C'est comme ça ! » ajoute-t-elle, en tapant du pied sur le sol avec colère.

Cet épisode, que Feuerstein aime raconter, met en lumière le problème que tous nous devons affronter : comment concilier la nécessité de donner des directives à nos enfants sans étouffer leurs initiatives et les aplatir dans le conformisme.

L'exemple des pommes de terre est banal, et les exigences de la grand-mère sont obsessionnelles, mais la réaction de la petite-fille exprime avec une lucidité extraordinaire son besoin d'affirmer sa propre individualité, de mettre une limite entre elle et les autres, d'être autonome et d'assumer la responsabilité de ses propres actions, en déclarant le droit d'être différente même dans sa manière d'éplucher les pommes de terre.

Mon petit frère est tout le contraire de moi. Il est petit, gros, il a les cheveux noirs et en plus c'est une petite fille.
(Mathieu, 3 ans)

Jean se débrouille, Franc est un génie

La famille Venturi

Prenons l'exemple de la famille Venturi ; lui, il est professeur d'université, elle, psychologue. Ils ont quatre enfants, tous « intelligents », diplômés, dotés d'une bonne position professionnelle, sauf le deuxième, Jean, qui malgré l'absence de problème apparent, fait preuve d'un développement mental réduit.

Il a réussi à obtenir un diplôme d'ingénieur agricole à force de cours de soutien et de prières ; il range aujourd'hui des boîtes sur les étagères d'un supermarché, où il a trouvé une place grâce à un ami de son père.

« Pourquoi ? se demande sa mère. Où est mon erreur ? Tous les autres se sont réalisés, pourquoi avons-nous des problèmes avec Jean ? Pourtant nous avons agi de la même manière avec tous nos enfants. »

Justement, expliquent les psychologues. Même si les enfants sont nés dans la même famille, cela ne signifie pas que les enfants sont tous pareils. Ils ont un aspect et des émotions différents, des inclinations qui suscitent en nous des réactions et des sentiments divers. Et c'est un fait que nous négligeons et sous-évaluons souvent. Chaque enfant a des besoins et des attentes différentes, et la médiation, essentielle pour créer les capacités cognitives qui sont à la base de la pensée, doit être calibrée sur la base des caractéristiques individuelles.

Dans l'exemple de Jean, elle s'est avérée insuffisante, « et il n'est pas dit qu'il n'y en a pas eu parce que ses parents ne lui en ont pas donné », précise Elena Baharier, « mais parce qu'en raison de son caractère, de son tempérament, de ses aptitudes, il ne l'a pas acceptée, et il n'a pas été capable de l'utiliser. »

La conséquence est une capacité réduite de se modifier ou, si l'on préfère, un « manque » d'intelligence.

La famille Maggi

L'opposé peut se produire, quand, par exemple, dans une famille particulièrement pauvre en stimuli, un enfant aux prestations extraordinaires se distingue. Comme dans l'exemple de la famille Maggi, marchands de légumes qui, après avoir fait naître, successivement, quatre enfants capables de sortir du collège uniquement parce qu'ils ont atteint l'âge limite, mettent au monde le cinquième, Franc. Élevé parmi les cagettes de tomates et de radis, il obtient une bourse d'étude, et fait un *master* auprès du Massachusetts Institute of Technology. Que s'est-il passé ? Comment est-il possible que des enfants qui ont grandi dans le même environnement puissent obtenir des résultats aussi différents ?

Elena Baharier explique : « Il se peut que Franc, contrairement aux autres frères, ait trouvé un canal pour vivre une *expérience d'apprentissage médiatisé*, ou que les parents, ayant obtenu l'aide des plus grands, aient pu consacrer plus d'attention au plus petit, ou bien même une tante, un grand-père ou un grand frère. Dans ces exemples, même les enfants qui, au départ, se trouvent dans des conditions désavantageuses, voire même avec un handicap, réussissent à atteindre des niveaux de développement très élevés et inattendus. »

Souvent on assimile le développement d'une personne à des facteurs héréditaires. « Pourtant, le monde est rempli de personnes qui, tout en étant nées avec les mêmes difficultés génétiques de fond, atteignent des niveaux de développement très différents », continue Elena Baharier. « C'est seulement si, aux conditions de fond, héréditaires, s'ajoutent le facteur de *l'expérience d'apprentissage médiatisé,* que nous pouvons expliquer de façon réaliste les résultats des différents cas, y compris les plus extrêmes. »

Comment faire pour que l'enfant se sente unique et original

Dans notre culture, la nécessité de s'affirmer est une condition indispensable à la survie. Dans certaines tribus africaines, au contraire, le succès personnel est considéré comme une honte : l'individu doit disparaître au profit de la collectivité, et c'est la réussite du groupe qui compte.

En Occident, en revanche, « gagne » celui qui ne se fait pas marcher sur les pieds, et, dans l'exemple que nous avons vu au début du chapitre, dans la manière avec laquelle Tamara répond à sa grand-mère, on comprend que la petite-fille sait bien comment se défendre.

Le risque est que l'affirmation de soi-même amène à l'*obsession du succès,* à la manigance, à la médisance, à la brutalité, pour garder sa position.
Comment concilier alors l'affirmation de sa propre individualité et de sa propre unicité avec la nécessité de la participation, de l'attention aux autres ?

Quelle est ta forme d'intelligence ?

Pendant longtemps nous avons pensé que l'intelligence s'exprimait principalement à travers la capacité verbale ou la logique mathématique. Le célèbre *IQ Test* (Examen du Quotient Intellectuel) se base sur ce présupposé : un enfant est considéré plus ou moins intelligent si, par rapport aux enfants de son âge, il possède de plus grandes capacités verbales, logiques ou mathématiques. On attribue à l'enfant « normal » le numéro 100 ; celui qui obtient un total supérieur à 130 est considéré comme doué (environ 5 % des enfants) ; seulement 1 % des enfants très doués réussit à obtenir un total supérieur à 140.

Même si on l'utilise encore aujourd'hui, l'IQ Test ne jouit plus d'une crédibilité absolue. Les polémiques les plus ardentes sont nées aux États-Unis dans la population de couleur, qui se voyait ainsi refuser des postes de travail dans l'administration publique parce qu'un grand nombre d'entre eux n'obtenait pas le nombre de points nécessaire : les capacités verbales, disait-on, ne sont pas un critère correct pour mesurer l'intelligence. Un enfant provenant d'un ghetto n'est pas moins intelligent parce qu'il appelle la soupe, le potage.
Les psychologues eux-mêmes commencèrent à avoir des doutes sur la capacité des tests à mesurer de manière adéquate l'intelligence. On commença à remettre en question le concept d'âge mental : la théorie selon laquelle un enfant est plus (ou moins) intelligent seulement parce que son « âge mental » est supérieur (ou inférieur) à la moyenne, raisonne comme un enfant plus grand (ou plus petit) que lui de quelques années. Ainsi, on ne prend pas en compte ses capacités créatives, sa manière originale et personnelle d'affronter un problème, de décrire une situation, d'interpréter ses propres sentiments ou ceux des autres.

L'intelligence, comme le soutient Howard Gardner, chercheur à l'Université de Harvard, est multiple, et peut être :

- linguistique
- logico-mathématique
- musicale
- de mouvement dans l'espace
- d'habileté corporelle
- introspective
- tournée vers la communication

> Sept formes donc, pas forcément interdépendantes, qui expliquent non seulement les capacités extraordinaires du mathématicien, mais aussi celles de l'artiste, du psychologue, du danseur ou d'un grand joueur de football.
> La tendance d'aujourd'hui est de considérer l'intelligence comme un phénomène complexe. Des études récentes ont démontré qu'un QI élevé ne correspond pas forcément à une forte capacité créative. « Un génie en mathématiques », soutient Noam Chomsky, spécialiste des structures du langage, « peut être verbalement peu doué, et les capacités artistiques d'un grand joueur d'échecs peuvent être pratiquement nulles. Au contraire, des personnes hautement créatives possèdent parfois peu d'habileté logico-mathématique. »

« C'est une fausse contradiction », affirme Feuerstein. « Si moi je me reconnais en tant qu'individu, je dois aussi reconnaître l'unicité des autres, j'en respecte l'indépendance, je crée un rapport de collaboration, et non pas de soumission ou de vexation. Plus on est sûr de soi, conscient de sa propre individualité, moins on se sent menacé par les autres ».

C'est un équilibre difficile à atteindre, mais possible. Il s'agit de comprendre ce dont a besoin l'enfant à ce moment-là. Si par exemple nous demandons : « *Qui a fini en premier ? Qui sait répondre ?* » nous faisons la médiation de l'*individualisation*. Mais on peut aussi décider de faire la médiation de la *participation*, en disant : « *Le premier qui a fini peut aider les autres.* »

Nous pouvons fournir à ce propos certaines suggestions.

1. Donnons-lui la possibilité de faire des choix

Émilie

La nouvelle baby-sitter est instruite par Thérèse, enseignante, sur la manière dont elle doit se comporter avec Émilie, une petite fille très éveillée de 2 ans et demi : « Émilie a du caractère, on se fait respecter par elle en la respectant, plus qu'en lui donnant des ordres. Quelle que

soit la chose à faire, il faut toujours lui donner la possibilité de choisir : Tu veux ça ou ça ?
« Ne vous inquiétez pas, madame », répond la baby-sitter.
Quand Thérèse rentre à la maison, elle voit Émilie, nue, qui joue sur le tapis et on est en plein hiver !
« C'est elle qui l'a voulu, madame ! Elle ne voulait pas s'habiller, alors... »

Ce fait est un exemple, extrême mais réellement arrivé, de l'application d'un principe valide : il faut, à chaque fois que c'est possible, demander l'opinion de l'enfant, en commençant avant même qu'il soit capable de parler.
On peut commencer par des choses sans grande importance. Par exemple, nous pouvons les faire choisir entre deux tee-shirts : « *Tu préfères celui avec les canards ou celui avec le crocodile-docteur ?* »
Évidemment, la gamme des possibilités est établie par nous : pour aller jouer au jardin public l'enfant doit mettre un tee-shirt et non pas un maillot de bain.
Trouver le point d'équilibre entre la nécessité de le protéger et son besoin de grandir et d'exprimer son individualité n'est pas aisé. Les erreurs sont inévitables, et presque toujours motivées par les meilleures intentions.

- Si nous sommes excessivement protecteurs, nous empêchons le développement de l'autonomie.
- En lui concédant trop d'autonomie, nous risquons de créer une insécurité émotive, en générant chez l'enfant la sensation de se sentir abandonné.

L'important est de ne pas se laisser guider par des schémas éducatifs déjà préfabriqués :
« *À cet âge, il ne devrait pas avoir besoin de toute cette attention...* »
Ou encore :
« *On ne peut rien lui dire, il veut tout décider tout seul !* »
Mais calibrer nos interventions en fonction de la nécessité de l'enfant et du moment.

2. Prenons en considération son point de vue

Souvent, en pensant que « de toute façon ils sont petits et donc ne comprennent pas », nous « traînons » derrière nous des enfants sans les informer de ce qui se passe ; nous oublions de les saluer lorsque nous sortons de la maison, nous parlons d'eux en public comme s'ils n'étaient pas là, nous ne prenons pas en compte le fait qu'ils ont besoin d'avoir leurs secrets.

Pourtant, il suffit de quelques attentions pour leur faire comprendre que nous respectons la zone *hors limites* qu'ils ont construite autour d'eux-mêmes : frapper à la porte avant d'entrer dans leur chambre, éviter de contrôler leurs dossiers ou de fouiller dans leurs tiroirs sans leur demander l'autorisation, accepter qu'ils refusent de parler d'une de leurs expériences, et leur donner la possibilité de choisir quand ils peuvent le faire.

3. Faisons-lui comprendre les effets de ses actions

Faisons remarquer à nos enfants les effets de leur comportement, en appliquant la logique des *conséquences* et pas celle des *punitions*.

Au terme d'une importante recherche, les psychologues américains Mary Hoffman et Herbert Saltzstein ont comparé l'efficacité des interventions disciplinaires communément utilisées dans les familles : punitions physiques, menace de ne plus l'aimer, colère et désapprobation, explication des *effets* du mauvais comportement. Ce dernier s'est révélé la méthode la plus efficace pour que l'enfant intériorise des valeurs morales.
Si nous devons prendre des mesures, faisons-lui comprendre que c'est une *conséquence* inévitable de son comportement, et non pas une punition.

« *Tu n'as pas fini tes devoirs, nous ne pouvons donc pas aller trouver tes cousins.* »
« *Tu as renversé tout le lait : il faut nettoyer maintenant.* »

Attention : il faut préciser qu'il ne s'agit pas d'une *punition,* mais une *conséquence négative* dérivée d'un comportement négatif. Le message qui doit être transmis est :
« *Il suffit de changer de comportement pour que les* conséquences *deviennent positives.* »

4. Développons son sens des responsabilités

Prendre soin du chat, aider à étendre le linge, organiser l'envoi des cartes de vœux pour Noël sont toutes des façons d'exprimer sa propre personnalité, en maintenant les engagements, en assumant un rôle à l'intérieur de la famille ou entre ses amis.

Dès les premières années de l'enfance, on peut enseigner à un enfant à prendre des décisions et à en assumer la responsabilité.
Sa grand-mère lui a offert 10 euros : comment a-t-il envie de les dépenser ? Les mettre de côté pour acheter un CD ou aller voir un film ?
Une fois que la décision est prise, il doit en accepter les conséquences. Dans tous les cas, lui offrir directement un billet de cinéma comme nous serions tentés de le faire signifierait que nous voulons lui démontrer que, dans le fond, ses décisions n'ont pas d'importance.

Est-il possible que tu puisses rester toute la journée devant la télé ?

Ou La médiation d'un comportement de recherche, de choix et d'obtention des objectifs

- Combien d'entre nous savent se donner des objectifs ?
- « Trouve-toi un objectif dans la vie ! »
- « Dis-moi ce que tu désires ! »
- Comment transmettre la capacité de se donner des objectifs

Robert

Robert rentre de l'école, laisse tomber son sac sur le sol de l'entrée minuscule, va dans la cuisine, prend de la glace à la crème dans le réfrigérateur et s'affale dans le canapé, devant la télé allumée, jusqu'à l'heure du dîner.

Le soir, quand sa mère rentre du travail, elle aperçoit le sac abandonné dans l'entrée et demande, dépitée : « Pourquoi à chaque fois tu laisses ton sac dans l'entrée ? Est-il possible que tu doives rester toute la journée devant la télé ? »

Les questions comme toujours restent en suspens : aucun des deux n'attend de réponse.

Sa mère commence à préparer le repas et se marmonne quelque chose. Elle prépare deux assiettes de pâtes, elle s'assoit dans le canapé, à côté de son fils, et ils mangent ensemble en regardant un film.

Il est très probable que ce rituel se répète tous les jours, pendant des mois voire des années. La maman de Robert aimerait bien qu'il arrête de regarder la télévision toute la journée, mais elle n'élabore aucune stratégie pour atteindre cet objectif.

Quand Feuerstein présente ce critère de médiation, il se presse de souligner que le but n'est pas tant d'*avoir* un objectif (nous avons tous des objectifs), mais de créer chez l'enfant la propension à se *donner* des objectifs, à chercher les moyens pour les obtenir, à planifier ses propres choix et agir en conséquence.

Nous ne sommes pas tous capables de le faire : souvent nous ne réussissons pas non plus à reconnaître avec clarté nos objectifs.

Il existe différentes raisons à cette impuissance. Si nous luttons pour survivre, souvent nous n'avons pas les ressources nécessaires pour nous donner des objectifs, et encore moins pour les mener à terme.

La maman de Robert vit seule ; elle travaille tard le soir, et elle n'a de l'énergie que pour vivre au jour le jour. La présence consolatrice de la télévision est providentielle. Assise dans le canapé pour consommer le repas à côté de son fils, elle sent qu'ils partagent ensemble le même sort.

D'autre part, Robert n'a jamais eu l'opportunité de rencontrer quelqu'un qui lui ait communiqué un sens de compétence : il a été placé dans une classe de redoublants dans l'attente d'atteindre l'âge requis pour quitter l'école.

Avoir le sens du succès et posséder un sens de compétence sont les prémisses à la réalisation de tout objectif. Celui qui se croit incapable ne peut se fixer de résolution par peur de l'échec. Mais, en réalité, c'est justement parce qu'il n'a pas d'objectif qu'il continue à collectionner les échecs.

Combien d'entre nous savent se donner des objectifs ?

Sans arriver aux cas extrêmes, réfléchissons sur le nombre de fois, où affaiblis et épuisés par les objectifs imposés de l'extérieur (travail, études, tâches quotidiennes, prescriptions médicales), il nous arrive à tous de nous arrêter et de nous coller devant la télévision.

En réalité, il ne nous a simplement pas été *enseigné* d'avoir un objectif personnel. En général, les objectifs sont fixés par l'extérieur, et c'est pour cela qu'une grande partie d'entre nous n'imagine pas pouvoir se donner des objectifs tout seul.

✓ C'est ce que Feuerstein appelle la *perception épisodique de la réalité* : les événements se succèdent, mais nous ne les mettons pas en relation les uns avec les autres, un peu comme s'il s'agissait de fragments d'un film dont nous ne connaissons pas la trame. Nous ne pouvons donc pas profiter de l'expérience pour en tirer des enseignements généraux et encore moins pour faire des prévisions.

Si en revanche nous sommes capables de concevoir qu'il existe des liens entre nos actions et ce qui se passe, nous serons capables de prévoir qu'en agissant d'une certaine façon un résultat se produit, de la même manière nous serons capables d'imaginer que nous sommes concernés par ce résultat.

« *Trouve-toi un objectif dans la vie !* »

Se proposer un but est une capacité qui ne doit pas être sous-évaluée. Les résultats les plus récents de l'Institut de psychologie du Conseil National de la Recherche de Rome (CNR) soulignent son importance.

Est-ce qu'il y a quelque chose d'autre, au-delà des capacités cognitives, se demandent les chercheurs, qui est déterminant pour une bonne scolarité ? Oui, répondent les experts, l'« entêtement », c'est-à-dire la capacité de persévérer dans le but d'atteindre ses propres objectifs.

La médiation de ce critère ne consiste donc pas à dire : « *Trouve-toi un objectif dans la vie, fais quelque chose, est-il possible que rien ne t'intéresse ?* »

Il ne s'agit pas de « motivation », mais d'un concept beaucoup plus précis : un objectif est une *mesure*. Nous nous proposons un objectif et, à partir de ce moment-là, nous commençons à travailler en arrière :

D'ici combien de temps dois-je atteindre l'objectif ? Ai-je besoin de l'aide de quelqu'un d'autre ? De quel matériel ai-je besoin ? Où puis-je le trouver ?…

De cette façon, l'enfant se rend compte si son objectif est réalisable, de la nécessité d'une planification pour l'obtenir, des risques et des obstacles qui doivent être affrontés.

On passe de la fantaisie à la réalité. Le rêve prend corps, trouve un lieu, un coût, la dimension nécessaire pour se concrétiser.

« *Dis-moi ce que tu désires !* »

Souvent les enfants voudraient que leurs désirs se réalisent immédiatement : s'ils n'y arrivent pas ils abandonnent leur objectif, en jetant l'éponge, et changent rapidement leur point de vue.
Essayons de visualiser avec eux leur parcours pour arriver à atteindre leur objectif, étape par étape :
« *C'est difficile mais tu y arriveras.* »
Nous éviterons ainsi :
« *J'ai de la chance (ou je n'ai pas de chance), tu as vu ce qui m'est arrivé...* »
« *Je me demande comment ça finira !* »
« *J'aimerais bien avoir une stéréo, une télévision, un ami...* »
« *Je n'arrive à rien...* »

✓ Il s'agit de réussir à transmettre à nos enfants la conscience qu'ils sont capables de se projeter dans le futur et de transformer un désir encore imprécis en réalité, en se procurant les moyens pour le réaliser. Les enfants doivent être donc encouragés à exprimer ce qu'ils désirent, en mettant en évidence les étapes nécessaires pour l'atteindre. Ils se créent ainsi des aptitudes comme la patience, la volonté, la persévérance, des qualités fondamentales pour obtenir ce qu'ils se préfixent.

Maman dit qu'elle fait un régime, ensuite elle se cache pour manger plein de trucs.
(Catherine, 7 ans)

Comment transmettre
la capacité de se donner un objectif

Que peut-on faire pour transmettre à un enfant la capacité de se donner des objectifs et de mettre en acte les actions nécessaires pour les obtenir ?

• Même s'ils sont très petits, il ne suffit pas de leur dire :
« *Maintenant, on s'habille.* »
Il est important de spécifier *pourquoi* :
« *Comme ça nous pouvons aller faire une promenade.* »
Ou bien :
« *Lève les mains, pour que ce soit plus facile pour t'enfiler les manches de ton pull.* »

« *Qu'est-ce qui serait différent, si…* »

On doit favoriser et ne pas faire obstacle au mode de pensée « différent » des enfants. Jean-Charles Terrassier, de l'Institut de Psychologie de la Sorbonne à Paris, conseille de stimuler l'imprévisibilité de la pensée en suggérant le *Jeu des conséquences,* qui permet de développer ce qu'on appelle la « pensée hypothétique ».

« *Dis-moi ce qu'il y aurait de différent si les journées duraient seulement deux heures, si on se ressemblait tous physiquement, si les arbres poussaient couchés et pas droits, si les hommes mesuraient 10 cm…* »

Racontons à notre enfant des histoires extravagantes, et invitons-le à les continuer. Demandons-lui de penser à une conclusion différente à l'histoire qu'il vient de lire. Coupons des formes dans du papier et proposons-lui de créer de nouvelles images avec ces formes.

• Prenons en considération leurs désirs comme nous voudrions que les autres le fassent pour nous.
Face à un rêve irréalisable, ne bloquons pas le dialogue, en disant que c'est impossible. Montrons en revanche de la compréhension : racontons-lui que nous aussi nous avons plein de désirs, mais que

nous savons attendre pour les mettre en pratique. Nous pensons ensemble à la réalisation de ce rêve :

« *Si tu veux aller en vélo avec papa et ses amis un dimanche, il faut que tu saches bien faire du vélo et que tu connaisses le code de la route ; il faudra un peu de temps, mais après on achètera un casque et une gourde...* »

De cette façon, nous profitons de l'occasion pour lui enseigner le goût de la conquête, sans jamais diminuer la valeur du désir, en raisonnant avec lui sur le pourquoi de la nécessité de renoncer ou de renvoyer à un autre moment.

• Si un enfant a des difficultés avec un puzzle, demandons-lui comment a-t-il l'intention de procéder : par exemple, s'il a l'intention de sélectionner les pièces selon leur couleur ou selon la forme, parlons des avantages qu'apportent les deux solutions, laissons-le décider par où il doit commencer et invitons-le à nous raconter le pourquoi de ce choix.

• En grandissant, la programmation des objectifs et des stratégies pour les atteindre devient plus complexe et encore plus formatrice. À un plus haut niveau, on peut demander à un enfant de programmer la fête de son anniversaire : décider de choisir les rafraîchissements, calculer combien de chaises seront nécessaires, établir comment prévenir les amis et de quelle façon mettre tout en ordre une fois que la fête sera finie.
Pour réaliser des projets complexes, ils mettent en œuvre des processus de pensée qui développent les fonctions cognitives et demandent de bonnes capacités d'abstraction, comme imaginer ce qu'il se passera, établir la séquence des actions nécessaires pour la réalisation du processus, appliquer la *pensée hypothétique* pour considérer tous les obstacles possibles, avoir la capacité de formuler des hypothèses alternatives, appliquer des concepts abstraits comme la prévoyance, la compatibilité, l'urgence, l'alternative...

C'est trop difficile pour moi...

Ou La médiation d'une disposition positive
envers le nouveau et le complexe

• La zone proximale de développement
• Stimulons la recherche du non-connu
• Transmettons le goût de la découverte
• Jouons le rôle du supporter
• Lançons des défis qu'il peut affronter avec succès
• « Et moi, je ne veux pas que mon fils soit en retard ! »
• Les questions n'ont pas toutes des réponses immédiates ; c'est comme ça que naît la fantaisie

Face à un problème nouveau, de nombreux enfants et la plupart des adultes jettent l'éponge.

« C'est trop difficile, je n'y arrive pas. »

Ils ne veulent pas courir le risque de travailler dans un domaine *inconnu* : une zone qu'ils n'ont jamais dépassée et qu'ils pensent ne jamais pouvoir arriver à connaître.

La zone proximale de développement

Selon la célèbre théorie mise au point par le psychologue russe Lev S. Vygotsky, entre la *zone de celui qui se connaît déjà* et *la zone de l'inconnu* il existe un autre champ, la *zone proximale de développement* : c'est le non-connu que nous *pensons pouvoir connaître*.
Si nous proposons à un enfant de 10 ans de lui enseigner les tables de multiplication, qu'il connaît déjà, nous ne stimulerons pas son intérêt, et nous ne le porterons pas vers les nouveaux horizons de la connaissance. De la même façon, cependant, si nous commençons à lui parler des dernières théories de la physique quantique, il n'aura

pas envie d'écouter, parce qu'il s'agit pour lui d'un argument trop lointain. L'intérêt est stimulé par zones de connaissance que nous retenons possibles à explorer.

✓ L'amplitude de la zone proximale de développement n'est pas la même pour tous : elle dépend de la manière dont l'enfant a développé sa curiosité, la tendance à chercher la nouveauté et à accepter le défi de la complexité.
Pour qu'il puisse obtenir une réponse immédiate, qui l'encourage à poursuivre, notre enseignement doit se situer dans la zone proximale de développement, en se dirigeant petit à petit vers le *connu* ou vers l'*inconnu*, selon le besoin de favoriser une sensation de compétence ou au contraire un sentiment de défi.

• Une fois que le plaisir de l'effort est acquis, la joie de la découverte ainsi que la satisfaction du succès, l'enfant commencera à percevoir la zone inconnue comme pouvant être connaissable. Il aura réussi, en somme, à étendre sa *zone proximale de développement*.

• Au contraire, celui qui dans le passé a seulement connu des échecs aura une zone proximale de développement très petite, voire même inexistante. Devant toute nouveauté, il aura la sensation d'être poussé de force dans un lieu dangereux et menaçant, justement inconnu.

• Pour encourager un enfant à continuer, il faut en revanche lui donner de l'assurance, lui faire éprouver la satisfaction du succès, l'ivresse de la découverte, le merveilleux devant un paysage qu'il voit pour la première fois.

La zone proximale de développement n'est pas seulement liée aux succès dont on a déjà fait l'expérience, mais elle est aussi dynamique : elle peut s'étendre ou diminuer selon le degré de réceptivité de l'enfant, l'effort qu'il y investit, l'intérêt que nous réussissons à susciter en lui.
Voyons comment cela peut se faire dans la pratique.

1. Stimulons la recherche du non-connu

Les enfants aiment les défis. En revanche, c'est souvent nous qui décidons pour eux, en les privant d'expériences importantes.

« Ne va pas sur ce toboggan, il est trop haut pour toi. »
« Ne mange pas l'ail, de toute façon tu n'aimes pas ça. »
« Mets ton écharpe; tu es toujours malade! »
« Je ne crois pas vraiment que tu auras envie d'aller au cours de piano toutes les semaines. »
« Ne joue pas avec Marc: il te tape à chaque fois. »

Ainsi, jour après jour, nous suscitons la peur, nous établissons des tabous, nous éteignons leur curiosité, nous créons des bêtes noires. Du matin au soir, « *dans leur intérêt* », les enfants sont bombardés d'avertissements, d'interdits, d'ordres, de jugements, de menaces d'échecs sans pitié qui les découragent à prendre des initiatives, de commencer quelque chose de nouveau.
« Ne leur enseignez que des choses qu'ils connaissent déjà! » implorait la maman d'une petite fille, craignant que la rencontre de difficultés puisse susciter en elle un sentiment d'inadéquation.

✓ Si nous retenons qu'un devoir est trop difficile pour un enfant, présentons-le comme un défi. Ainsi, même en cas d'échec il ne se sentira pas incapable. En même temps, donnons-lui la possibilité d'essayer, procurons-lui les instruments pour affronter la nouvelle situation, parlons avec lui des stratégies, essayons d'une manière ou d'une autre de lui faciliter le succès et, surtout, donnons-lui la certitude que la ligne d'arrivée est à sa portée, et que s'il n'y arrive pas c'est seulement une question de temps, de ténacité et de préparation.
Donnons-lui l'opportunité d'essayer quelque chose qui demande un engagement et un effort prolongé. À la fin, il aura la satisfaction d'avoir entrepris quelque chose de grand, comme quand on gravit une montagne.

Je suis content d'être monté avec papa sur cette haute montagne, même si maman criait de peur. (Franc, 9 ans)

2. Transmettons le goût de la découverte

Il serait bon d'habituer les enfants dès les premières années de leur vie au plaisir d'essayer des choses nouvelles : un plat, un jeu, un ami, une promenade, un sport ou une activité insolite. C'est à nous de leur communiquer la volonté d'explorer le monde avec confiance et curiosité.

3. Jouons le rôle du supporter

Ne nous substituons pas à l'enfant, en faisant les choses à sa place ou en lui donnant les solutions. En fait, nous devons avoir l'attitude qu'a le supporter envers son équipe : il veut qu'elle gagne mais ce n'est pas lui qui joue.

L'enfant doit sentir qu'arriver à faire quelque chose est important pour lui-même, non pour faire plaisir à papa et maman.

4. Lançons un défi à sa portée

Pour ne pas détruire l'estime de soi, les défis présentés à l'enfant doivent avoir une double caractéristique : le stimuler pour progresser mais, en même temps, être accessibles. L'art réside dans le calibrage des tâches à accomplir : elles ne doivent pas être trop faciles, parce qu'il n'y aurait alors pas la stimulation du défi, mais elles ne doivent pas être trop difficiles non plus, parce qu'elles sembleraient insurmontables.

Prenons l'exemple des premiers pas. Si nous l'invitons à nous rejoindre, et que nous nous mettons trop loin de lui, l'enfant tombera et se sentira frustré ; si, en revanche, nous nous mettons trop proches, nous ne lui offrons pas la possibilité de faire quelque chose qui augmente son sens de compétence. Nous devons donc essayer de choisir la distance adéquate.

✓ De la même manière, les défis que nous lui lançons doivent renforcer en lui la conviction d'être capable de franchir les obstacles qui lui sont proposés.

Lui offrir la possibilité de se lancer un défi à lui-même, de pénétrer dans un lieu inconnu, d'aller au-delà de ce qu'il a été capable de faire jusque-là : c'est ce qui lui permettra de progresser dans la connaissance, de consolider les progrès, pour acquérir le sens de compétence nécessaire pour affronter les défis successifs.

Cela ne signifie pas projeter sur les enfants nos rêves et nos ambitions sans tenir compte de leurs désirs, de leurs intérêts et, souvent, des possibilités effectives de pouvoir les réaliser. La vieille histoire que nous racontons ci-dessous rend bien l'idée que nous venons d'expliquer.

« *Quels beaux enfants !* »

C'est dimanche après-midi ; une maman se pavane avec ses deux enfants le long de la route principale de la ville.
« Mais quels beaux enfants, madame ! Félicitations ! Quel âge ont-ils ? »
La maman des deux enfants la regarde radieuse, et répond :
« L'expert-comptable' a 4 ans, et l'avocat' 2 ans. »

« Et moi, je ne veux pas que mon fils soit en retard ! »

Il n'y a pas de temps à perdre. Là, à l'extérieur la compétition est à un niveau très élevé, et je ne veux pas que mon fils soit en retard. Il doit apprendre le plus de choses possibles. (Une maman)

L'apôtre le plus enthousiaste et le plus convaincu de la *surstimulation*, c'est-à-dire de la nécessité de donner aux enfants une énorme quantité de stimuli, est Glenn Doman, fondateur et président des Instituts pour la réalisation du potentiel humain et auteur de nombreux livres, dont *J'apprends à lire à mon bébé* (Éd. Retz, Paris) et *Enfant, le droit au génie* (Éd. Hommes et groupes, Paris). Encouragé par les succès obtenus avec des retardés mentaux auxquels il avait réussi à enseigner à lire, Doman décida d'appliquer les techniques de sur-stimulation aux enfants en dessous de 3 ans, en leur enseignant à lire, à écrire, à jouer d'un instrument et faire des opérations.

Pour enseigner les mathématiques à un enfant de 8 mois, Doman suggère de lui présenter trois fois par jour une série de panneaux sur lesquels sont dessinées des boules noires de 1 à 10.
« *Celui-ci, c'est 1* », lui dit sa mère en lui montrant le panneau. Puis : « *Celui-ci, c'est 2* », ainsi de suite jusqu'à 10.
Trois mois après, l'enfant est capable de distinguer 38 de 39 boules et de reconnaître 39 pièces de monnaie ou 39 moutons. Avec des techniques similaires, Doman enseigne à lire, à traduire du japonais, à écrire, aux enfants âgés de 12 à 24 mois.

Est-ce que cela vaut la peine de bombarder des enfants aussi petits de boules, de moutons ou de pièces ? Développent-ils vraiment de nouvelles capacités intellectuelles ?

Il est vrai qu'un enfant de quelques mois peut apprendre à lire et écrire, à faire des opérations et même à traduire du japonais, mais cela ne signifie pas que l'enfant soit plus intelligent. Un enfant n'est pas un robot, et le temps qu'il emploie pour apprendre doit être identique à celui qu'il utilise pour ses émotions.
(E. Ziegler, professeur de psychologie à l'Université de Yale, aux États-Unis)

« La surstimulation est contre-productive », enchaîne la psychologue américaine Tiffany Field. « Quand une maman bombarde son enfant de stimuli, il arrête de prendre des initiatives, il a moins confiance en lui, et devient trop dépendant d'elle. »

Benjamin Boom, de l'Université de Chicago, considère aussi que les effets d'un apprentissage trop rapide et précoce sont néfastes : « Les enfants sont stressés, angoissés, ils ont des crises nerveuses, ils font des cauchemars et perdent l'appétit. Et il n'est pas dit qu'ils deviennent des *leaders*. Une étude que j'ai conduite sur un groupe de 26 adultes au sommet de leurs secteurs respectifs, proviennent pour la plupart de familles traditionnelles, pas compétitives, qui ont laissé leurs enfants grandir en respectant leur enfance. »

Comment naît un enfant prodige

Frank Sweeney, manager d'une grande entreprise américaine, dut un samedi après-midi s'occuper de son fils Paul, âgé de 5 ans. Ayant un travail urgent à finir, il amena son enfant au bureau. Après quelque temps Paul, fatigué de dessiner, d'écrire à la machine et de regarder autour de lui, commença à toucher le coffre-fort : en 10 minutes il réussit à l'ouvrir. Il alla alors dans un autre bureau, et ouvrit un deuxième coffre-fort. Curieux, son père décida de le mettre à l'épreuve en lui demandant d'ouvrir d'autres coffres-forts : l'enfant réussit à tous les ouvrir. Toujours plus étonné, Frank lui donna alors une série de combinaisons compliquées, que le fils réussit à résoudre. Il était évident que l'enfant avait un talent spécifique pour trouver la solution des combinaisons des coffres-forts ; pourtant, Paul Sweeney n'est jamais devenu un enfant prodige.

Pour « fabriquer » un enfant prodige, il faut qu'il y ait la confluence de différents facteurs :

• l'envie, en général plus chez les adultes que chez les enfants, de se montrer ;

• l'intérêt de la société pour un type particulier de talent. Par exemple, en Italie et aux États-Unis les joueurs d'échecs prodiges sont peu nombreux, tandis qu'ils abondent en Russie, parce que les Russes attribuent au jeu d'échecs beaucoup plus d'importance que ne le font les Italiens ou les Américains ;

• un développement de la science ou des arts qui à ce moment précis peut tirer profit de ses habiletés spécifiques. Par exemple, les célèbres enfants cartographes du XIXe siècle, admirés, disputés, récompensés, ont disparu à partir du moment où la cartographie est devenue une science dépassée ; aujourd'hui, on est surtout étonné par les informaticiens prodiges.

Le développement d'un talent exceptionnel est un pari. Peut-être que si les parents savaient combien l'entreprise est risquée, ils l'épargneraient à leurs enfants.

« Pour comprendre le travail d'un enfant contraint de s'exposer en public, écrit Marie Winn, spécialiste des problèmes de l'adolescence, il faut penser qu'il doit produire comme un adulte sans jouir des avantages de la maturité, et sans avoir vécu l'expérience heureuse de l'enfance. »

Le directeur d'orchestre Zubin Mehta, raconte : « Il y a quelques années, j'ai fait jouer en tant que soliste dans mon orchestre une petite fille. Je ne sais pas ce qui s'est passé pour elle ensuite, mais j'étais désolé de

> l'avoir engagée pour ce concert. Je me souviens d'avoir dit aux parents : 'Votre fille possède beaucoup de talent. Mais laissez-lui le temps de grandir et de jouir de son enfance. Vous devez attendre qu'elle se développe naturellement. Vous ne pouvez pas utiliser de la chaleur artificielle et obtenir à la fin une belle fleur'. Mais ils la firent jouer partout, tandis qu'elle aurait dû rester à la maison pour devenir plus mature, en jouant de la musique de chambre et en vivant une vie de petite fille normale. »

Toutes les questions ne doivent pas obtenir immédiatement une réponse ; c'est ainsi que naît la fantaisie.

L'ambition excessive des adultes peut avoir un effet limitatif sur le développement de la personnalité des enfants.
« Quand l'enfant est vécu comme une propriété, sa croissance vitale subit une interruption », déclare la psychologue Alice Miller, auteure du livre *Le drame de l'enfant doué. À la recherche du vrai soi* (Éd. PUF, Paris).

✓ « Il faut en revanche laisser l'enfant libre de rêver, de se poser des questions qui peuvent rester sans réponse pendant quelque temps, s'étonner et s'émerveiller devant les découvertes qu'il a conquises », explique Bruno Pagani, de la Société italienne de la psychanalyse.
« Souvent, l'impatience de procurer des débouchés à leurs problèmes s'étend au-delà des exigences réelles. Si un enfant a besoin de faire un peu de sport, nous traduisons son besoin en le mettant dans la compétition : casque, genouillères, entraîneur, uniformes, championnats... S'il montre quelque curiosité de caractère scientifique, nous voulons immédiatement faire de lui un scientifique, et nous lui offrons un laboratoire de chimie au sous-sol. Il pianote deux notes et déjà nous le clouons à un piano, dans l'espoir qu'il soit un nouveau Arthur Rubinstein. Nos désirs, nos ambitions suffoquent ses rêves, éteignent ses jeux, dessèchent ses fantaisies.

Je le savais que ça finirait mal...

Ou La médiation de la possibilité de changement

- Qu'est-ce que les enfants comprennent de ces messages ?
- « Si tu m'aimes, ne m'accepte pas pour ce que je suis ! »
- Pourquoi résiste-t-on au changement ?
- « Je suis comme ça, je ne peux rien y faire »
- Les instruments pour changer
- L'enfant « rougeoleux »
- Le problème n'est pas le diagnostic, mais la prévision
- Ne jamais dire : « Tu n'y arriveras pas ! »
- Mon enfant est un chef-d'œuvre

> *Moi, je ne veux plus faire de course de natation avec papa. Il gagne toujours parce qu'il est plus long. Ce n'est pas juste.*
> (Marzia, 7 ans)

Essayons de nous mettre à la place d'un enfant. Tous les adultes apparaissent comme des géants aux yeux d'un enfant, même ceux qui en réalité sont moins grands que la moyenne. Si son sens d'inadéquation est aigu en raison de ses caractéristiques physiques, c'est encore plus fort en ce qui concerne les capacités intellectuelles.
Et tandis que nous avons tendance à être plus compréhensifs face aux limites physiques de nos enfants, nous le sommes beaucoup moins en revanche en ce qui concerne leurs capacités de coordination, d'abstraction et d'habileté logique.

Prenons un exemple : combien de fois n'avons-nous pas levé les yeux au ciel et avons-nous prononcé en soupirant les phrases suivantes :

« *Ça finit toujours comme ça !* »
« *Seras-tu capable un jour de manger sans t'en mettre partout ?* »

« Laisse-moi faire ! »
« Tu ne sauras jamais te contrôler ! »
« Je le savais que ça finirait comme ça... »
« Si tu faisais un effort... »
« Pourquoi tous les autres y arrivent... et toi, en revanche... »
« C'est toujours pareil ! »
« Tu ne fais jamais attention ! »
« Je te l'avais dit... »
« Nous y voilà ! »
« Qu'est-ce que tu as encore fait cette fois ? »

Si nous devions faire des efforts pour trouver les expressions nécessaires à communiquer le découragement, l'ennui, la désillusion et le manque de considération, nous ne pourrions trouver de mots plus efficaces.

Qu'est-ce que les enfants comprennent de ces messages ?
1. « C'est de ma faute, comme la dernière fois. »
2. « C'est toujours pareil, je ne changerai pas, et je ne pourrai jamais changer. »
3. « Je suis un incapable. »
4. « Je n'arrive jamais à rien. »

Emprisonnés dans une définition, ils se sentent *classés dans un rôle* dont ils ne réussissent pas à se libérer, et qu'ils risquent de garder toute leur vie. Une fois que nous avons défini un enfant « *lent, brouillon, maladroit, pas très éveillé* », nous sommes instinctivement entraînés à lire ses comportements selon les *instructions* de l'étiquette, soulignant ceux qui appartiennent à la définition et sous-estimant ceux qui n'en font pas partie.
Et lui, il sera toujours vu comme celui qui est toujours en retard, même quand il ne l'est pas.

Essayons de comprendre les phrases suivantes :

« Il est intelligent, mais en présence d'autres personnes il n'est pas maître de ses émotions, et il perd le contrôle de lui-même. »
« Il est désordonné. »
« Il ne s'applique pas. »
« Il est impulsif. »
« Il n'est pas capable de se concentrer. »
« Il se fatigue tout de suite. »
« Il ne fait pas attention. »
« Il est paresseux. »
« Il ne s'intéresse à rien. »
« Il abandonne à la première difficulté. »
« Il veut faire beaucoup de choses, mais en réalité, il n'arrive à rien. »
« Il est distrait. »
« Il est dans les nuages. »
« Il ne pense qu'à lui-même. »
« Il ne s'adapte pas aux changements. »

Combien de fois l'avons-nous entendu dire au sein de la famille, par les enseignants, les entraîneurs et les voisins qui ne se mêlent pas de leurs affaires ? Peut-être que nous aussi nous l'avons dit, en parlant de nos chers enfants. Est-ce que cela a servi à quelque chose ? Au lieu de pousser au changement, ils induisent chez l'enfant un désir inconscient de s'adapter, de « contenter » les prévisions qu'on a faites sur lui. Et, irrémédiablement, la prophétie se réalise.

Ludovic
« Ludovic ! Ne reste pas planté là à regarder dehors par la fenêtre ! Est-il possible que tu ne réussisses jamais à te concentrer ? On a l'impression que tu es toujours à moitié endormi ! » crie sa mère, en constatant que son fils a l'air toujours ébahi.
« Je ne réussis pas à me concentrer », pense Ludovic, qui à ce moment précis cherche inutilement une phrase à ajouter à sa rédaction pour arriver à la bonne longueur.
« Voilà pourquoi je n'arrive jamais à avoir de bonnes notes : je me fatigue tout de suite. Maintenant, je me repose, et je regarde un peu la télé. Maman se mettra encore plus en colère, mais je suis si fatigué…

En attendant, je vais lancer une flèche sur ma sœur, la bûcheuse de la famille… Ça lui apprendra! » Chose dite, chose faite. Et, voilà!
« *Mammmman! Ludovic m'a lancé une flèche!* »
Essayons d'analyser ce qui s'est passé.
La mère se rend compte que Ludovic est en train de regarder dehors par la fenêtre. Dans son esprit, elle se crée une idée, un *préconcept*: l'enfant est paresseux, il perd son temps, il ne se concentre pas. Sans même avoir de doute sur le fait que peut-être Ludovic était simplement en train de penser, elle applique son *cliché*.

« *Est-il possible que tu ne réussisses jamais à te concentrer?* »

Cette question rhétorique transmet un message de dépit, et réitère le manque de confiance qu'elle a envers Ludovic, en générant en lui le découragement et l'assurance de ne *vraiment* pas réussir à se concentrer: « *C'est maman qui me l'a dit…* »
L'enfant se sent ainsi autorisé à agir en fonction des attentes de sa mère, et la prophétie se réalisera: il décide de regarder un peu la télé et de lancer une flèche à sa sœur, la travailleuse, la préférée.

« Si tu m'aimes, ne m'accepte pas pour ce que je suis! »

Ne m'accepte pas comme je suis est le titre provocateur d'un livre célèbre de Feuerstein, et c'est la phrase prononcée par un enfant qui lui a été confié, le cri de révolte contre ceux qui voulaient le contraindre à l'acquiescement passif de son propre sort.
Il a été désormais démontré que les êtres humains sont des *systèmes ouverts*, à savoir modifiables, sujets à évolution.
Apparemment nous sommes tous d'accord. Pourtant, si nous examinons nos actions face aux problèmes de santé physique et d'apprentissage de nos enfants, nous nous rendrons compte que nos présupposés seront différents.

Si notre enfant a des problèmes physiques, si par exemple il est maigre, continuellement enrhumé, fébrile, qu'il tousse souvent, nous le remplissons de reconstituants, de vitamines, gelée royale et énergisants. L'été, nous n'hésitons pas à l'amener à la montagne, à respirer le bon air, et durant l'année nous cherchons un club de gym ou une équipe de football pour qu'il ait l'occasion de pratiquer un peu de sport.

Mais si nous avons un enfant qui a des problèmes à l'école ou, en restant au jugement sans appel des professeurs, « *il n'est pas porté pour les études* », « *un peu lent* », « *en difficulté d'apprentissage* », inexplicablement, au lieu de tout faire pour développer ses capacités, lui donner des cours, l'exposer à un maximum d'activités et d'expériences qui puissent l'aider à stimuler son intelligence, nous tendons à accepter la sentence avec résignation, comme s'il s'agissait d'une condamnation sans appel.

✓ Feuerstein, et de nombreux autres psychologues, ont démontré que les potentialités d'apprentissage des enfants, même ceux définis comme étant des enfants à problèmes, sont bien plus importantes que ce que l'on a bien voulu admettre pendant des siècles. Des personnes atteintes de handicaps physiques et intellectuels importants mènent aujourd'hui une vie normale, ont un travail, et dans de nombreux cas, ont aussi une vie de famille. Le miracle est possible à une condition : il ne faut pas se résigner à les accepter comme ils sont, mais combattre jusqu'au bout pour les changer, les enrichir, les stimuler de toutes les manières possibles, comme l'on fait instinctivement quand on a recours à n'importe quel moyen pour que nos enfants soient en bonne santé.

Ainsi, à l'aide d'interventions opportunes, on peut améliorer les conditions physiques d'un enfant, comme on peut aussi agir sur ses capacités intellectuelles pour qu'elles se développent au-delà des prévisions les plus optimistes.

> ### *L'esprit est plus élastique que les muscles*
>
> Le fonctionnement de l'esprit n'est pas lié à des facteurs de temps et d'espace comme le sont les mouvements physiques.
>
> Par exemple, notre capacité à mémoriser, une des activités intellectuelles les plus importantes, est influencée par de nombreux éléments qui s'auto-alimentent et se renforcent réciproquement. Nous nous rappelons plus facilement du visage d'une star que de celui du boucher au-dessous de chez nous, parce que nous focalisons plus d'attention sur le premier. De la même façon, des facteurs émotifs nous aident à nous rappeler le numéro de téléphone d'une personne chère, tandis qu'on a tendance à oublier celui du propriétaire de la maison.
>
> L'acquisition d'une fonction intellectuelle a un *effet cascade* : on réfléchit à toute la structure mentale. Un enfant peut mettre beaucoup de temps pour apprendre à lire mais, une fois qu'il a atteint cet objectif, on peut vérifier une extraordinaire accélération de tout son développement mental. Il est beaucoup plus facile, en effet, de créer des synergies entre les fonctions mentales qu'entre les organes du corps.
>
> Si avec entêtement, patience, et méthode, nous réussissons à créer ne serait-ce même qu'une petite brèche dans le mur de la stupidité qui parfois s'oppose à toute tentative de médiation, nous découvrirons avec surprise comme il est facile ensuite d'effriter toutes ces défenses accumulées durant toutes ces années d'inactivité.

Dans son livre *Ne m'accepte pas comme je suis,* Feuerstein raconte l'exemple de Joël, arrivé dans son institut à l'âge de 16 ans. Il lui fallut 6 mois de cours, d'exercices, de tâches quotidiennes pour lui enseigner le nom des jours de la semaine et lui faire lire l'heure. Quand il réussit à compter jusqu'à 20, on organisa une fête en son honneur, comme pour l'obtention d'un diplôme. Aujourd'hui, devenu adulte, Joël travaille comme charpentier et mène une vie indépendante. Un cas extrême, mais qui démontre les potentialités que l'être humain possède pour se modifier et récupérer le temps perdu dans l'inaction.

Pourquoi résiste-t-on au changement ?

Changer n'est pas facile. La chose peut ne pas faire plaisir aux autres, qui tendent à se fixer sur une image qu'ils se sont faite de nous, ni à nous-même, parce qu'il nous est difficile de renoncer à ce que nous avons toujours pensé être.

La première condition pour accomplir un changement authentique c'est d'être convaincu de pouvoir le faire. Cela peut paraître une affirmation évidente, pourtant, quand on se réfère au changement de la capacité intellectuelle nous sommes convaincus qu'on ne peut rien y faire.

On nous a inculqué l'idée que chacun de nous est né avec un certain quotient d'intelligence, et nous sommes destinés à vivre toute notre vie avec ce patrimoine : de la même manière que nous naissons blonds ou bruns, notre bagage de capacité cognitive est immuable.

« Nous sommes faits comme ça, nous ne pouvons rien y faire. »

Une fois que nous sommes persuadés de cet axiome, nous ferons tout pour démontrer que nous avons raison. C'est comme lorsque l'on cherche une bonne excuse pour ne pas faire de régime : si nous réussissons à démontrer que les kilos de trop sont dus à des facteurs liés à notre propre constitution, nous ne devrons plus nous sentir coupables quand nous ferons des concessions aux plaisirs de notre palais. De la même façon, si nos insuccès sont conditionnés par le patrimoine génétique, comment pourrions-nous changer ?

• Inconsciemment, nous avons en général le désir de rester tels que nous sommes, déclarant que c'est indépendant de notre volonté : tout dépend de notre physiologie, du destin, des parents, de l'éducation, de la société, de la chance. En somme, notre immobilité est déterminée par quelque chose d'externe à nous-mêmes.

• Par ailleurs, nous ne voulons pas non plus apparaître comme des personnes qui ne réussissent pas à accepter la réalité de nos propres limites : ce sont « les faits » qui parlent pour nous, l'évaluation objective de nos propres possibilités ou, pour être plus sincères, nos *impossibilités*. De cette façon nous ne mettons en œuvre aucune recherche ou effort pour stimuler le changement.

« *Il n'y a rien à faire.* »

Nous avons une peur inavouée de rompre les équilibres, de perdre notre identité, même fragile, de repositionner nos rapports désormais stabilisés depuis des années.

Les instruments pour changer

Obtenir un changement permanent des structures mentales est un processus qui demande du temps et qui évolue tout au long de la vie.

Comme le démontre l'exemple de Joël, on peut renverser la situation en offrant aux enfants des occasions qui leur permettent de faire l'expérience du changement. Il a fallu 6 mois pour lui enseigner les jours de la semaine, et on a dû faire une fête quand Joël a réussi à compter jusqu'à 20. Mais à partir de ce moment-là les progrès se sont accomplis plus rapidement.
Souvent les enfants n'ont pas à leur disposition les instruments pour s'évaluer, ils ne se rendent pas compte des changements qu'ils ont obtenus et tendent à être pessimistes.
C'est pour cette raison qu'il faut les informer constamment de leurs progrès.

« *Tu te souviens quand tu ne réussissais pas à attacher tes lacets ?* »
« *Aujourd'hui tu as réussi à lire un mot de quatre syllabes.* »
« *L'année dernière tu avais peur de dormir ailleurs qu'à la maison, aujourd'hui en revanche tu adores ça.* »

• Si nous faisons remarquer aux enfants qu'ils ont pris de nouvelles habitudes dans des domaines pour lesquels ils pensaient ne pas pouvoir changer, ils seront eux-mêmes plus motivés à vouloir expérimenter de nouvelles habiletés : leur évolution subira ainsi une accélération imprévue.

En constatant de petites améliorations, jour après jour, ils seront convaincus d'être capables d'arriver aussi à des changements drastiques et définitifs.

• Résumer *comment* on est arrivé à un résultat est une façon de faire passer dans ce qu'on appelle la *mémoire à long terme* des événements qui sont destinés à se perdre dans la *mémoire à court terme*. À travers de petites prises de conscience quotidiennes on arrive à avoir une perception claire de soi-même. Il ne s'agit pas d'une découverte accidentelle, dû au fruit du hasard, mais d'un processus lent et systématique pour aplanir les résistances et découvrir que nous avons acquis de nouvelles habiletés. Il s'agit d'inviter les enfants à se rappeler et à expliquer leurs processus mentaux.

« *Tu te rappelles* comment *cette fois-là tu as réussi à apprendre des mots très difficiles en anglais ?* »
« *Tu as fait une association… Tu as fait une généralisation… Une comparaison…* »

L'enfant « rougeoleux »

Ils parlent mal, ils sont « empotés », à l'école ils cumulent les désastres, ils font mauvaise figure face à leurs camarades. Combien de fois le comportement de nos enfants nous fait perdre confiance dans leurs capacités et nous pousse à faire de sombres prévisions sur leur futur ?

Pourtant, chacun possède en soi le potentiel pour résoudre n'importe quelle difficulté : il suffit de le mettre à la lumière du jour.

Sharon
À 3 ans, Sharon était une petite fille vive, au regard toujours joyeux, mais elle ne parlait pas. Sa mère Anne, en revanche, avait sur son

visage un voile de tristesse. Cela en raison du fait qu'aussitôt après l'accouchement, un expert lui avait dit que le nouveau-né avait subi une légère paralysie cérébrale : « En grandissant, il se peut qu'elle ait des problèmes d'apprentissage », avait-il diagnostiqué.
Dans un climat d'appréhension, sa maman conduisait régulièrement Sharon à faire des contrôles. Un jour, au cours d'une de ces visites, la petite essaya de grimper sur la table d'auscultation du spécialiste. Une autre maman l'aurait aidée ; Anne en revanche, resta là à la regarder, désolée. En elle-même, elle « savait déjà » que la petite ne réussirait pas. À chaque fois que sa fille rencontrait des difficultés, elle trouvait la confirmation des prévisions de l'expert.
Le spécialiste qui auscultait la petite fille était Reuven Feuerstein. Avec une grande force de conviction et de patience, il enseigna à la maman comment se comporter avec Sharon sans tenir compte des prévisions formulées au moment de sa naissance. Contre l'avis de certains médecins, au moment de l'inscription à l'école, on décida que Sharon irait dans une classe normale. Aujourd'hui, elle a fini ses études et a obtenu de très bons résultats à son diplôme.

L'exemple de Sharon ne représente qu'un parmi des centaines de cas d'enfants définis retardés, caractériels, asociaux, ou simplement paresseux, qui réussissent à renverser leur destin, à dépasser toute attente en découvrant en eux les énergies et les capacités cachées.

Feuerstein explique : « Les capacités mentales et la santé ont les mêmes ressources. Au même titre que l'organisme peut trouver l'énergie pour arriver à la guérison, l'intelligence a en soi le potentiel pour se développer. » Ce principe ne vaut pas seulement pour les enfants qui ont de graves problèmes, mais d'une façon générale aussi pour toutes les difficultés que la famille rencontre au cours de l'éducation des enfants.

 « Au même titre qu'il n'existe pas d'enfants *rougeoleux*, mais des enfants qui dans une certaine période de leur vie ont la rougeole, il n'existe pas d'enfants lents, difficiles, paresseux ou retardés, mais des enfants qui ont quelques problèmes à affronter ou, un retard dans leurs prestations, et peuvent l'affronter et le résoudre, même seulement avec l'aide des parents. Essayer de reconnaître tout de suite les problèmes psychologiques et physiques fait souvent plus de dommages que n'en causent les problèmes en soi. Si moi je dis à l'un des parents que son enfant a telle ou telle difficulté, il tendra inévitablement à penser que le petit sera toujours comme ça et, au lieu de le stimuler à dépasser l'obstacle, instinctivement il l'habituera à l'éviter. »

« Professeur, vous pensez alors que celui qui semble retardé pour les autres, peut atteindre la normalité, voire dans un certain sens devenir intelligent ? » lui demanda un jour un jeune psychologue.
« Je ne le pense pas, je le sais. J'en fais chaque jour l'expérience », répondit Reuven Feuerstein.
Et il n'est pas le seul à soutenir cela.

Le problème n'est pas dans le diagnostic mais dans les prévisions
Arnold Sameroff, chercheur à l'Université de Rochester, aux États-Unis, conclut une étude de la manière suivante :
« Comment expliquer la disparition des effets de traumatismes cérébraux graves subis dans les premières années de l'enfance ? La raison doit être cherchée dans le fait que durant le développement, l'intelligence accomplit des sauts de qualité, de rapides changements. C'est tellement vrai que les tests sur les nouveau-nés ne réussissent pas à prévoir comment sera leur intelligence quand ils auront grandi. »

Par la force des choses, le diagnostic tend à mettre une étiquette, à distinguer un enfant et par conséquent à le séparer des autres.

Feuerstein explique : « Quand un parent prend connaissance du *verdict* des experts, il est accablé par l'angoisse et le désespoir. Il entre dans un état qui peut être comparé à celui du deuil. Et même, il fait moins pour son enfant qu'il ferait dans des conditions normales. Cela ne signifie pas que le diagnostic se trompe. Le problème n'est pas tant le diagnostic que la prévision. »

Ne jamais dire : « Tu n'y arriveras pas ! »

L'attitude qui consiste à faire des prévisions « scientifiques », qui en réalité sont catégoriques, est diffuse dans tous les domaines, de la famille à l'école, jusque dans le sport. Combien de fois il nous arrive de dire : « *Tu n'y arriveras jamais* » ?

Et c'est là que réside le problème : quand on n'a pas confiance dans le fait que l'enfant y arrivera, on renonce à tout espoir de changement, et donc on leur rend les choses plus difficiles. Au lieu de donner les instruments pour dépasser les obstacles, on les éloigne d'eux-mêmes et on les confine dans une espèce de limbe qui l'isolera.

La tendance à faire des jugements sur l'enfant commence au moment où il entre en contact avec des enfants de son âge, entre la fin de la première année et le début de la deuxième, c'est-à-dire quand le sentiment des parents qui voit l'enfant comme quelque chose d'unique commence à disparaître (un rapport qui atteint son sommet quand l'enfant, à l'âge de 2 mois, sourit pour la première fois en voyant le visage de sa maman). Ensuite, peu à peu, l'unicité commence à se disperser, et nous sommes amenés à établir des comparaisons, à avoir des attentes, à faire des prévisions.

Le moment des comparaisons commence à l'école. Le succès scolaire est une mise à l'épreuve sans pitié ; en effet, si l'enfant, par caractère, intelligence, capacité, a un bon rendement, ils sont tous contents. Si en revanche il s'en sort difficilement, alors se déchaînent les éléments, parce que l'école est toujours considérée comme le jeu d'échecs à travers lequel on prévoit le futur de la personne.

✓ Le grand pédiatre Marcello Bernardi aime dire : « Vous savez bien qu'un certain Albert Einstein échoua à l'examen de mathématiques pour entrer en Polytechnique ; mais peut-être ne savez-vous pas qu'il n'apprit plus jamais cette matière : quand il eut les intuitions éclatantes sur les rapports entre énergie et matière, il se rendit compte qu'il n'avait pas les bases nécessaires en mathématiques : et alors, qu'est-ce qu'il fit ? Il en inventa une : si son père avait fait des prévisions en se basant sur son rendement scolaire, peut-être que l'Histoire aurait été différente. »

Mon fils est un chef-d'œuvre

Quand on parle d'« enfants exceptionnels » on se réfère aux enfants surdoués ou sous-doués. Pour les autres, on leur attribue un modèle prédéfini de personnalité normale, que tous doivent suivre. Et c'est ce modèle que Feuerstein a démoli, en expliquant que chaque enfant est différent, est une exception, et nous ne devons pas avoir peur si à un certain moment il semble qu'il sorte de la norme parce qu'il ne réussit pas bien à apprendre à lire et écrire, et il ne se souvient pas des tables de multiplication.

Chaque enfant est en même temps normal et anormal, riche et pauvre en ce qui concerne le potentiel. Au cours de son développement, ils peuvent tous rencontrer des troubles ou des déséquilibres, et cela est absolument « normal ». Donc, si un enfant est en train de traverser une saison difficile, essayons d'adopter le principe que *chacun est exceptionnel*. L'évaluer et lui mettre une étiquette selon les paramètres de la normalité peut amener à deux types d'attitudes opposés mais également contre-productifs.

1. Le premier est celui que Franco Frabboni, éducateur internationalement célèbre, professeur de pédagogie à l'Université de Bologne, appelle le *complexe de Calimero,* le poussin noir qui apparaissait dans les publicités télévisuelles des années 60, le « différent » de la nichée, celui auquel on disait qu'il ne savait rien faire : « Sans le vouloir, on habitue l'enfant à penser qu'il est ce poussin noir. Et, petit à petit, il risque vraiment de le devenir, de renoncer à son identité unique, colorée, exceptionnelle. »

2. Le deuxième est l'attitude opposée, que Frabboni appelle le *bon petit homme*. Vouloir avoir à tout prix un bon petit homme qui se comporte bien à la maison et à l'école, qui cède à tous les désirs et les aspirations de ses parents, est une constriction inutile qui n'amène pas au développement de ses propres potentialités. Si nous mettons sur le nez de l'enfant des lunettes d'adulte qui l'amène à voir avant le moment requis le monde comme le voient les adultes, sa vision sera confuse, brouillée, dédoublée, et il souffrira d'un « strabisme dû à de mauvaises lunettes ».

Mais alors, comment devons-nous penser à nos enfants ? La réponse nous vient de Frabboni, et c'est une image qui nous permet de développer de nouvelles attitudes : « Pensons à notre enfant comme au cavalier dans le jeu d'échecs, un pion qui ne suit jamais un parcours linéaire et prévisible, mais avance avec des accélérations et des arrêts, des sauts en avant et des sauts en arrière. Mais qui peut toujours, à n'importe quel moment, faire à l'improviste 'échec au roi' ».

Tu es trop jeune pour comprendre...
Ou La recherche d'une alternative optimiste

- L'intelligence de l'optimisme
- Communiquons l'enthousiasme
- Pronostiquons des succès
- Proposons des récompenses à la place des punitions

Julie
Julie arrive à la maison de sa grand-mère en pleurs. « J'ai perdu mon bracelet en or ! » annonce-t-elle désespérée. « J'étais dans l'autobus, je n'avais pas dû bien le fermer, et je ne me suis pas rendue compte qu'il était tombé... »
« Heureusement, ça aurait pu être pire ! » répondit sa grand-mère. « Tu ne sais pas à quoi tu as échappé ! »

Selon la tradition transmise depuis des siècles dans la famille de la grand-mère, quand on perd quelque chose c'est signe qu'on a échappé à un malheur bien plus grave.
Plus l'objet perdu avait de la valeur, plus le malheur auquel on échappe est grave.

La première sensation est que cette croyance est ingénue, inutile, une superstition consolatrice. Réflexion faite, elle démontre en revanche une profonde sagesse. Elle aide à choisir celle que Feuerstein appelle « l'alternative optimiste » : à savoir, décider *de façon systématique*, de regarder la partie pleine de la bouteille à moitié vide. Le regard positif, en effet, a le pouvoir extraordinaire de changer nos perspectives.

Par exemple, quand nous demandons à un enfant de faire quelque chose, souvent il suffit de lui présenter l'aspect positif de la requête pour qu'il désire la mettre en œuvre lui-même.

Au lieu de...
« *Va te laver le visage, tu es toute sale!* »

... essayons plutôt
« *Toi qui as un si joli visage, va te le laver, comme ça, on le verra mieux!* »

L'intelligence de l'optimisme

Je marchais dans la rue et j'étais en train de manger un chocolat. Une dame qui passait me dit : « C'est bien, comme ça toutes tes dents vont tomber. » Je lui ai dit : « Ah » avec la bouche bien ouverte pour qu'elle voie que de toute façon je n'ai que sept dents!
(Mathieu, 5 ans)

On se demande alors quel rapport il peut y avoir entre l'*optimisme* et l'*intelligence*? La recherche d'une alternative optimiste, répond Feuerstein, laisse l'esprit ouvert à la possibilité de nouvelles solutions, tandis que mettre l'accent sur les aspects négatifs d'une situation ferme la voie à toute élaboration ultérieure et entraîne l'immobilité, la renonciation, l'inaction. Et c'est beaucoup plus facile. Cela ne demande aucun effort, aucune volonté de changer, aucune fatigue pour changer la situation. On se résigne, on ne fait aucun effort pour regarder la situation avec un autre regard et un enthousiasme renouvelé. On arrive même à découvrager toute initiative en créant une attitude de passivité et de renonciation.

« *Mais comment penses-tu réussir à faire de la danse acrobatique, toi qui es si gauche?* »
« *Tu veux aller au lycée? Ce serait déjà un miracle si tu réussissais à entrer au lycée technique.* »

« Il est inutile de t'inscrire à cette compétition, tes chances d'y arriver sont minimes. »
« Tu es trop jeune pour comprendre… »

La recherche d'une alternative optimiste ne doit pas être confondue avec la confiance tranquille de ceux qui pensent que « tout ira bien ». Faire maint propositions ne signifie pas seulement être optimiste. Cela veut dire avoir une *alternative* : une solution pratique, un parcours à faire ensemble pour porter à terme ses propres projets.

Nous, après la messe, nous allons acheter des gâteaux, et moi je tiens le paquet avec un doigt ; un jour ou l'autre il tombera.
(Paul, 5 ans)

Et nous pouvons en être sûrs : un jour ou l'autre le paquet finira par tomber et tous les gâteaux s'écraseront.

1. Communiquons l'enthousiasme

Quelle est la différence entre un bon et un mauvais serveur ?
Le bon serveur offre toujours le meilleur plat, jusqu'à la fin, le mauvais serveur offrira le pire, jusqu'au dernier ! La règle vaut aussi pour l'apprentissage. Choisir l'alternative optimiste signifie souligner toujours les résultats positifs, les utiliser et les valoriser pour susciter le sens de compétence, d'initiative, la volonté de continuer ses propres efforts. C'est seulement quand la confiance en ses propres possibilités d'amélioration se sera créée qu'il sera possible d'affronter avec un enfant le mode de remédier à ses éventuelles carences.
De nombreuses recherches démontrent que les enseignants enthousiastes obtiennent de meilleurs résultats que ceux qui en revanche ont tendance à indiquer éternellement les erreurs et souligner les incompétences.
Le problème ne doit pas être nié ou ignoré. Il existe. Mais on ne doit jamais renoncer à présenter la solution.
Nous mobilisons les énergies positives et les *capacités des enfants, plutôt que leurs carences,* en utilisant ce que l'enfant est capable de faire, plutôt que de mettre en évidence ce qu'il ne sait pas.

2. Pronostiquons des succès
« *On se demande comment ça se passera?* »
« *On peut toujours essayer…* »
« *On verra bien!* »
« *Tant que je ne le vois pas je n'y crois pas.* »
« *Espérons que tout ira bien…* »

Des phrases de ce genre n'amènent pas à imaginer le succès. L'enfant doit sentir qu'il a en face de lui toutes les possibilités ouvertes, avec réalisme.

« Je suis sûr que tu réussiras à bien faire tes devoirs. Voyons où tu as le plus de difficultés, de façon à prévenir tes erreurs… Tu réussis très bien à analyser les problèmes, peut-être que tu te perds ensuite dans les petites opérations: mais cette fois tu as compris comment y remédier… »

Si l'on n'est pas convaincu de ce qu'on dit, il vaut mieux se taire. Il n'y a rien de plus dévastateur pour un enfant que de recevoir un message de quelqu'un de pessimiste qui tente de se faire passer pour un optimiste.

3. Proposons des récompenses à la place des punitions
En menaçant de punir, on part du présupposé qu'on s'attend à un échec et qu'on prépare la réponse à cette éventualité; on fait un pari sur l'échec éventuel.
En proposant une récompense, on mise sur la victoire: souvent il est suffisant de renverser les perspectives pour obtenir de meilleurs résultats.

Dans les dernières vingt années, j'ai passé beaucoup de temps à élaborer des cours pour les enfants qui avaient des problèmes de comportement, incapables de fréquenter une école normale à cause de leur comportement destructeur.
Malgré la gravité des problèmes, ils montraient presque tous quelques améliorations dès la fin de la première semaine. Les personnes qui

*connaissaient leur histoire restaient stupéfaites. Comment avaient-ils pu faire autant de progrès en aussi peu de temps?
La réponse est très simple: le staff avait arrêté de mettre en relief les mauvais comportements, en prêtant seulement attention aux aspects positifs, et les avaient tellement accompagnés de feedbacks positifs qu'il apparut naturel pour ces enfants de changer d'attitude.*
(Sal Severe, psychologue américain)

✓ Qu'est-ce que le *feedback positif*? C'est simple: c'est centrer en permanence le réflecteur sur ce qui fonctionne. En revanche, explique Severe, « nous sommes tous tentés de ne prendre en considération que les mauvais comportements de nos enfants parce que les bons comportements nous semblent aller de soi. »

La recherche de l'alternative optimiste est simple à utiliser. La difficulté réside dans le fait de se rappeler à chaque occasion de le faire.

Le « farabutto »

Ou La médiation du sens d'appartenance au genre humain

• Rendre meilleurs soi-même et les autres

Dans le dialecte napolitain, le «*frabutto*», «butto fra», dont dérive le mot «farabutto», représentait le *médiateur*, une personne importune qui se mettait dans les affaires pour gagner de l'argent, arnaquant le niais de service, l'acheteur ou le vendeur, au choix. La médiation n'était jamais neutre, impartiale, comme ne l'est pas non plus la science. Si elle n'a pas comme but de transmettre des valeurs positives, elle génère des catastrophes.

Le mot *intelligence* a en revanche une origine noble et exprime le véritable objectif de la médiation. Il dérive du latin *inter legere*, «choisir entre». Le médiateur intelligent ne peut pas être un *farabutto*.

Un jour Feuerstein eut connaissance de la nouvelle qu'en France certains membres d'une organisation néonazie s'étaient inscrits à un de ses cours. Il fut pris par l'angoisse. Existe-t-il quelque chose de plus stupide que celle de choisir entre la destruction et la haine ? « Comment mon enseignement pourrait-il être utilisé pour la malversation, la recherche du pouvoir, l'affirmation de la loi du plus fort, et non pour favoriser l'unité du genre humain, la solidarité, l'affirmation des valeurs spirituelles ? » se demanda-t-il.

« Je me rappelle, il y a quelques années, raconte Feuerstein, un soir, un de mes collaborateurs est venu me trouver. 'J'ai un problème, me dit-il, un garçon dans ma classe est le fils d'un pickpocket, et il connaît à la perfection la technique de son père. Il enfile la main dans ta poche, la tourne avec légèreté comme une plume, pendant ce temps il distrait ton attention en te touchant ailleurs, et voilà, ton portefeuille a disparu ! Sa famille n'a-t-elle pas accompli ici aussi une médiation efficace ? Mais avec quel résultat ? Nous avons un voleur en plus'. 'Bien sûr, lui répondis-je. Ils lui ont enseigné une grande habileté, qui pourrait lui être très utile le jour où le petit pickpocket apprendra à se poser la question sur la réaction de la personne qu'il a volée et décidera de réorienter sa technique raffinée vers une activité au service de tous ; par exemple, en devenant un grand chirurgien !' »

Rendre meilleurs soi-même et les autres
Tous les critères de la médiation que nous avons illustrés tendent à changer notre propre point de vue, à nous mettre dans la tête de l'autre, à observer le monde à l'envers.
Et ils nous amènent aussi à apprendre « de façon naturelle » un enseignement éthique.

À travers le dernier critère, *la médiation du sens d'appartenance au genre humain,* Feuerstein a voulu rappeler que le développement de nos facultés plus élevées trouve un sens et une valeur s'il n'a pas pour objectif de détruire, de haïr, de diviser, mais de favoriser le sens d'appartenance à un destin commun, tendant à nous rendre meilleurs, nous-mêmes, les autres et le monde dans lequel nous vivons.

« Nous sommes tous des bêtes », disait un saint qui s'appelait Jean-François.
(Charles, 4 ans)

Bibliographie

Reuven Feuerstein, P. S. Klein, and A. J. Tannenbaum, *Mediated Learning Experience*, Freund, Londres.

Reuven Feuerstein, Yaacov Rand, M. Hoffman, and R. Miller, *Instrumental Enrichment: An Intervention Program for Cognitive Modifiability*, University Park Presss, Baltimore.

Reuven Feuerstein, Yaacov Rand, and John E. Rynders, *Don't Accept Me as I Am: Helping "Retarded" People to Excel*, Plenum Press, New York.

Franco Frabboni, *La scuola dell'infanzia. La prima frontiera dell'educazione*, La Nuova Italia, Florence.

Daniel Goleman, *L'intelligence émotionnelle*, Le grand livre du mois, Paris.

Ministero della Pubblica Istruzione-Istituto per la Ricerca, la Formazione e la Documentazione (IRFED), *Nuove metodologie per la formazione, l'integrazione e lo sviluppo della persona (Sperimentazione della metodologia Feuerstein in un campione di istituti secondari superiori statali)*, a cura di Mario di Mauro, Anicia, Rome.

Alberto Oliverio, *L'arte di imparare*, Rizzoli, Milan.

Table des matières

Pourquoi ce livre ?
Par Nessia Laniado   7

Préface
Par Reuven Feuerstein   11

L'histoire d'une découverte révolutionnaire   17
    L'intelligence peut s'apprendre
    Il est possible de changer la structure du cerveau
    « Il possède un quotient intellectuel très bas ». Et alors ?
    Le *Programme d'enrichissement instrumental*

Il s'est appliqué, mais ça n'a rien donné…
Ou Qu'est-ce que la méditation   29
    La leçon de Jean Piaget
    L'importance de l'intermédiaire
    Nous sommes tous des « dépaysés »
    Apprenons à reconnaître les mécanismes de la pensée

Tu t'es cogné. Ça t'apprend !
Ou Les douze critères de la médiation   35
    Les qualités requises pour être un médiateur
    Objectif : stimuler les processus intellectuels

Ferme la porte !
Ou L'intentionnalité et la réciprocité   43
    Il faut faire attention aux réactions des enfants
    Et s'ils ne nous écoutent pas ?
    Cherchons un contact
    Expliquons nos intentions
    Contrôlons ce qu'ils ont compris

Maman, pourquoi ? 49
Ou La transcendance
    Comment ouvrir l'esprit d'un enfant
    Faisons des liens
    Jouons au détective
    Utilisons un vocabulaire riche et varié dès les premières années de l'enfance
    L'expérience des émotions
    La qualité de l'expérience
    C'est de cette manière qu'on enseigne la pensée créative
    L'expérience des comparaisons
    « Dis-moi pourquoi… »

Ne pose pas le pain à l'envers ! 63
Ou La transmission du sens
    La connexion entre présent, passé et futur
    Les rites qui permettent d'apprendre
    Apprenons-leur à demander
    « Maman, qu'est-ce que c'est ? »
    Jouons à raisonner ensemble
    « Papa, d'où vient la pluie ? »
    « Pourquoi mes bateaux en papier coulent ? »

3 x 2 = 5 ! 73
Ou La transmission du sens de compétence
    Charlie Brown amuse, mais il n'enseigne pas
    Comment faire pour que nos enfants aient confiance dans leurs capacités
    Créons les conditions du succès
    Écoutons ses raisons
    Donnons une interprétation aux succès et aux échecs
    Comment corriger ses erreurs ?
    Quand il ne se trompe pas

Je promets toujours de ne pas taper ma sœur, mais ensuite je n'y arrive pas… 85
Ou Le contrôle du comportement

C'est un enfant «sage»
Il est possible de changer
«Faisons un petit programme!»
Donnons des limites précises
Renvoyons à plus tard la gratification

C'est comme ça que nous apprenons tous à penser   93
«Un instant... je réfléchis.»
Point par point, on construit la confiance en soi
Apprendre à apprendre

Moi aussi je suis toujours sans argent...   103
Ou La médiation du comportement de participation
Le lien entre intelligence et participation
Une tendance qui doit être stimulée
«Essaie d'expliquer ce qu'en pense ton ami...»
Ne sous-évaluons pas les «bonnes manières»

La brebis galleuse de la famille   107
Ou L'individualisation et la différenciation
Jean se débrouille, Franc est un génie
Comment faire pour que l'enfant se sente unique et original
Donnons-lui la possibilité de faire des choix
Prenons en considération son point de vue
Faisons-lui comprendre les effets/conséquences de ses actions
Développons son sens des responsabilités

**Est-il possible que tu puisses rester
toute la journée devant la télé?**   117
Ou La médiation d'un comportement de recherche,
de choix et d'obtention des objectifs
Combien d'entre nous savent se donner des objectifs?
«Trouve-toi un objectif dans la vie!»
«Dis-moi ce que tu désires!»
Comment transmettre la capacité de se donner des objectifs

C'est trop difficile pour moi…   123
Ou La médiation d'une disposition positive
envers le nouveau et le complexe

    La zone proximale de développement
    Stimulons la recherche du non-connu
    Transmettons le goût de la découverte
    Jouons le rôle du supporter
    Lançons des défis qu'il peut affronter avec succès
    « Et moi, je ne veux pas que mon fils soit en retard ! »
    Les questions n'ont pas toutes des réponses immédiates ; c'est comme ça que naît la fantaisie

Je le savais que ça finirait mal…   131
Ou La médiation de la possibilité de changement

    Qu'est-ce que les enfants comprennent de ces messages ?
    « Si tu m'aimes, ne m'accepte pas pour ce que je suis ! »
    Pourquoi résiste-t-on au changement ?
    « Je suis comme ça, je ne peux rien y faire »
    Les instruments pour changer
    L'enfant « rougeoleux »
    Le problème n'est pas le diagnostic, mais la prévision
    Ne jamais dire : « Tu n'y arriveras pas ! »
    Mon enfant est un chef-d'œuvre

Tu es trop jeune pour comprendre…   145
Ou La recherche d'une alternative optimiste

    L'intelligence de l'optimisme
    Communiquons l'enthousiasme
    Pronostiquons des succès
    Proposons des récompenses à la place des punitions

Le « farabutto »   151
Ou La médiation du sens d'appartenance au genre humain

    Rendre meilleurs soi-même et les autres

Bibiographie   153

**Tous nos titres et nouveautés
www.editionsfavre.com**

Imprimé à base d'encres végétales sur papier issu de forêts gérées durablement

Achevé d'imprimer en Octobre 2008 sur les presses de l'Imprimerie SCHRAAG - 90400 Trévenans.
N° d'imprimeur : 08101191 • Dépôt légal : 4ème trimestre 2008 • Imprimé en France.
ISBN : 978-2-8289-1056-3